Fritz Baltruweit | Jürgen Schönwitz
Cartoons von Steffen Butz

„Ich singe Dir
mit Herz und Mund"

Evangelische Volkslieder
von der Reformation bis heute

Bibliografische Information Der Deutschen Nationalbibliothek

Die Deutsche Nationalbibliothek verzeichnet diese Publikation in der Deutschen Nationalbibliografie; detaillierte bibliografische Daten sind im Internet über http://www.d-nb.de abrufbar.

© Lutherisches Verlagshaus GmbH, Hannover 2014
Umschlaggestaltung, Satz: Sybille Felchow, she-medien.de, Hannover
Druck und Bindung: CPI Books GmbH

ISBN 978-3-7859-1184-6

Fritz Baltruweit | Jürgen Schönwitz

Cartoons von Steffen Butz

„Ich singe Dir mit Herz und Mund"

Evangelische Volkslieder
von der Reformation bis heute

Inhalt

Diese Lieder finden Sie auf der CD.

Geleitwort

Reformation und Musik – das gehört untrennbar zusammen!

Das Singen hat auch für das Christentum von Anfang an große Bedeutung gehabt. Mit Martin Luther wurde es für die Reformation geradezu zum Ausdruck des Glaubens. Die Lieder brachten die Botschaft in die Lande, die Reformation war auch eine Art Singbewegung.

Wird nach evangelischer Spiritualität gefragt, so lässt sich sagen, dass die Musik, das Singen, Kern evangelischer Spiritualität ist und bleibt. Das war im 16. Jahrhundert so und zeigt sich bis heute in Gemeinden ebenso wie auf evangelischen Kirchentagen. Mehr noch als durch seine Schriften hat Martin Luther die neue Lehre über seine Lieder verbreitet. 36 Lieder sind von ihm überliefert, bei 20 hat er selbst die Melodie geschrieben. Es sind Ermutigungslieder und Trostlieder, aber auch liturgische Gesänge. Und siehe da, sie haben sich zum gemeinsamen ökumenischen Erbe entwickelt, auch im katholischen Gesangbuch finden wir Luthers Lieder.

Luther schreibt an Ludwig Senfl: „Denn wir wissen, daß die Musik auch den Teufeln zuwider und unerträglich sei. Und ich sage es gleich heraus und schäme mich nicht, zu behaupten, daß nach der Theologie keine Kunst sei, die mit der Musik könne verglichen werden, weil allein dieselbe nach der Theologie solches vermag, was nur die Theologie sonst verschafft, nämlich die Ruhe und ein fröhliches Gemüte." Es sind Texte und Melodien anderer, die unserem Leben Halt geben können, wenn wir keine Ausdrucksform für Glücksgefühle oder erlittenes Leid finden. Da kann ein Lied zum Gebet werden: Wer singt, betet zweifach, sagt Luther.

Für die Reformation wurde das Gemeindelied geradezu zum Kennzeichen des Übertritts zum evangelischen Glauben: Die Gemeinde wurde am Gottesdienst beteiligt! Wort und Musik wurden eins, die Botschaft eine gehörte, gelebte, gesungene. Die Veränderungen vollzogen sich ja nicht schlagartig, sondern Schritt für Schritt. Das Mitsingen wurde zum Ausdruck der theologischen Überzeugung vom Priestertum aller Getauften. Nicht nur der geweihte Priester gestaltet daher die Messe, sondern der ordinierte Pfarrer mit der anwesenden Gemeinde. Die Predigt in deutscher Sprache, sodass die Anwesenden verstehen können. Der Gesang aller als Antwort, als Lob Gottes, als Ausdruck des Glaubens, als Bitte um Gottes Beistand und als gemeinsame Gestaltung der Liturgie.

Von Luther selbst wissen wir, dass er gern gesungen hat und offenbar auch gut. Als „Wittenberger Nachtigall" wurde er auch bezeichnet. Bei den Instrumenten war er offenbar eher zurückhaltend, was Orgel, Trompeten und Pauken betrifft, da griff er lieber zur Laute. Aber davon war der Reformator überzeugt: „Auf böse und traurige Gedanken gehört ein gutes, fröhliches Lied und freundliche Gespräche". Ein Lied kann uns also Mut machen, Kraft geben, stärken. Wenn wir nicht mehr weiter wissen, traurig sind. Deshalb ist und bleibt es wichtig, Lieder zu tradieren, sie weiter zu geben, damit dann, wenn uns selbst die Worte fehlen, wir unseren Gefühlen Ausdruck geben können. Wo die Lieder verstummen, da verkümmern auch die Seelen.

Die in diesem Buch aufgegriffenen, reflektierten, neu umgesetzten Volkslieder der Reformation zeigen die Vielfalt der Lieddichtung und Freude am Lied als Kernelement reformatorischer Existenz von den Anfängen bis heute. So freue ich mich, dass Fritz Baltruweit und Jürgen Schönwitz mit diesem Buch zur Vorbereitung auf das 500-jährige Reformationsjubiläum 2017 beitragen und mit dem Karikaturisten Steffen Butz auch untermauern, was Luther klar war: Das Evangelium kann nur mit Humor gepredigt werden.

Berlin, im Mai 2014
Dr. Margot Käßmann
Reformationsbotschafterin des Rates der EKD

Einstimmung

Das evangelische Lied: Reformation „von unten"

Markttag an einem sonnigen Frühlingstag im Jahre des Herrn 1524. Der Duft von Obst und frischem Gemüse liegt in der Luft. Dazu eine undefinierbare Mixtur von Gerüchen aller Art. Eine bunte und laute spätmittelalterliche Betriebsamkeit prägt das Bild. Auf engen Gassen schieben sich die Menschen an Marktständen vorbei, häufig nicht mehr als ein Brett, das auf zwei Fässern ruht.

Marktschreier preisen ihre Ware an: Leder- und Eisenwaren, Töpfe und Pfannen, Schinken und Rauchwürste, Salben, Kräuter und Gewürze. Mühelos übertönen sie das Gegacker der Hühner und das Blöken der Schafe, die zum Verkauf stehen. Hin und wieder ein Schrei, der alles andere übertönt: Der Bader hat unter wohligem Schaudern der Zuschauer einer armen Seele einen entzündeten Zahn gezogen. Markttag, ein Fest für die Sinne – Grenzüberschreitungen inbegriffen.

Da zieht ein bunt gekleideter Mann die Aufmerksamkeit auf sich. In der Hand eine Laute, steigt er auf eine Bank. Ein Bänkelsänger. Das verspricht Unterhaltung – und Information. Denn fahrende Sänger sind auch Nachrichten-kolporteure. Hin und wieder bedient sich auch die Obrigkeit ihrer Dienste, um das Volk mit den Neuigkeiten zu versorgen, die es wissen soll und darf. *Hören* und *Gehorsam* liegen in jener Zeit noch nah beieinander.

Die Menge spitzt die Ohren, als die ersten Töne gespielt werden. Noch ist die Tafel neben dem Sänger verhüllt. Gleich wird darauf eine in kräftigen Farben dargestellte Geschichte zu sehen sein. Die Bilder dazu sind nicht chronologisch angeordnet. Das erhöht die Spannung und ist zudem pädagogisch geschickt, denn es bindet die Aufmerksamkeit des Publikums immer wieder an die Worte des Sängers. Was wird er zu Gehör bringen? Als ein junger Begleiter des Sängers endlich das Tuch von der Tafel nimmt und mit einem Stock auf das erste Bild deutet, ist die Menge irritiert: Was ist das für eine Geschichte? Da ertönt über alle Köpfe hinweg die klare Stimme des Bänkelsängers:

Nun freut euch, lieben Christen g'mein,
und lasst uns fröhlich springen,
dass wir getrost und all in ein
mit Lust und Liebe singen,
was Gott an uns gewendet hat
und seine süße Wundertat;
gar teu'r hat er's erworben.

Dem Teufel ich gefangen lag,
im Tod war ich verloren,
mein Sünd mich quälte Nacht und Tag,
darin ich war geboren.
Ich fiel auch immer tiefer drein,
es war kein Guts am Leben mein,
die Sünd hatt' mich besessen.

So hat es sich vielerorts zugetragen in der Frühzeit der Reformation. Noch bevor das evangelische Lied seinen angestammten Platz im sonntäglichen Gottesdienst einnahm, hatte es als Bänkelgesang seinen großen Auftritt auf den Marktplätzen der Städte. Dort, mitten im Alltag der Welt, machte es das einfache Volk mit der neuen evangelischen Lehre bekannt und entwickelte dabei eine Dynamik, mit der die Reformation in kürzester Zeit zu einer Massenbewegung wurde.

Warum reagierten die Menschen so begeistert auf die neuen Lieder? Die Antwort ist ebenso einfach wie plausibel: Die allmächtige Kirche hatte den Ruf des Volkes nach geistlicher Führung und Zuspruch überhört. In einer von Kriegen, Pestepidemien und Hungersnöten geprägten Zeit hielt sie fest an ihrer Predigt vom Strafgericht Gottes und forderte von den Gläubigen Buße und vor allem Gehorsam. Wie sehr die Menschen

darüber in Abhängigkeit geraten waren gegenüber einer Kirche, die sich selbst vom Evangelium entfernt hatte, zeigte sich nirgendwo stärker als beim Ablasshandel. Hier wurde die freie Gnade Gottes gegen klingende Münze verkauft. Ein Geschäft mit der Angst der Menschen vor dem Fegefeuer – nicht zufällig selbst eine kirchliche Erfindung.

Dagegen ging von den neuen evangelischen Liedern eine spirituelle Kraft und Glaubwürdigkeit aus, die der Kirche verloren gegangen war. Sie vermochten den Menschen mitten in ihren Zweifeln und Ängsten wieder Sicherheit im Glauben zu geben. Glaubwürdig waren sie, weil ihr Thema nicht steile Theologie, sondern die einfache evangelische Wahrheit war. Die Unmittelbarkeit der Gott-Mensch-Beziehung wurde von ihnen buchstäblich auf den Punkt gebracht: „... *denn ich bin dein und du bist mein und wo ich bleib, da sollst du sein, uns soll der Feind nicht scheiden*". Worte, einem Liebeslied gleich. Balsam für die Ohren und für die Herzen. Der liebende Gott nimmt sich seiner Menschenkinder an: „... *er wandt zu mir sein Vaterherz*". Nicht Strafe, sondern Gnade erwartet den Menschen, der seine Hoffnung auf Gott setzt.

Aus Hörern wurden Sänger. Die eingängigen Melodien – nicht selten an populäre weltliche Lieder angelehnt – und die Muttersprachlichkeit der Texte machten es den Menschen leicht, sich in die neue Lehre gleichsam „hineinzusingen". Aber dabei blieb es nicht. Wie von der Leine gelassen liefen die neuen evangelischen Lieder über das Land. Vor allem durch reisende Handwerker erreichten sie in kürzester Zeit immer mehr Menschen. Sie wurden auf eine ganz eigene Weise zum Wegbereiter der Reformation. Denn wenn es auch schon Luthers Schriften gab – für die Masse des Volkes blieben sie in unerreichter Ferne. Wer konnte sie sich leisten? Und wer konnte sie lesen? Anders das einfache Lied. Hier war die neue evangelische Lehre in eine überschaubare Anzahl von Strophen verpackt, die leicht zu lernen waren. Auf Flugblättern gedruckt kamen sie in einem wörtlichen Sinne bei den Menschen an. Sie sangen nun selbst auf den Straßen und Gassen, bei der Arbeit, in häuslichen Andachten und schließlich auch in den Kirchen – um etwa einen unliebsamen Prediger zum Schweigen zu bringen oder um der Forderung nach Reformation Nachdruck zu verleihen. Zahlreiche Stadtchroniken belegen (z. B. aus Braunschweig, Magdeburg, Hildesheim, Göttingen, Lüneburg, Lübeck), dass der erste Impuls zur offiziellen Durchführung der Reformation nicht selten von diesen Liedern ausging.

Die altkirchliche Obrigkeit erkannte rasch, dass die neuen Lieder die kirchliche Ordnung auf den Kopf stellten. Nicht allein, dass sie der Unzufriedenheit gegenüber Kirche und Priesterschaft eine Stimme gaben; durch sie wurde die Reformation „populär". An Versuchen, den evangelischen Liedgesang zu verbieten, fehlte es daher nicht. Sie liefen alle ins Leere. Zu sehr war die Reformation bereits eine singende Volksbewegung geworden.

Wie sehr die Menschen an ihrer wiederentdeckten evangelischen Mündigkeit festhielten, schildert eine Begebenheit aus dem ostwestfälischen Fürstentum Lippe. Getreu seinem Landesherrn Simon V., der die evangelische Lehre zu unterdrücken suchte, schickte der Bürgermeister der Stadt Lemgo im Jahre 1533 seine Ratsdiener in die Kirchen, um Abtrünnige aufzuspüren und zu ermahnen. Als sie zurückkamen und meldeten: *„Herr Bürgermeister, sie singen alle"*, entfuhr es ihm: *„Ei, es ist alles verloren!"*[1]

Martin Luther: „Musik ist eine Gabe und Geschenk Gottes"

Unbestritten kommt Martin Luther eine entscheidende Rolle bei der Entstehung des evangelischen Liedes zu. Dass der Jesuit und Gegenreformator Adam Contzen (1571–1635) rückblickend zu der Erkenntnis findet: *„Die Lieder Luthers haben mehr Seelen als seine Schriften und Reden getötet"*[2], spricht Bände. Ist der Reformator aber auch der „Schöpfer" des evangelischen Liedes?

Unübersehbar ist die Wertschätzung, die Luther der Musik entgegenbringt.[3] Sein gewaltiges Schrifttum ist durchzogen von Äußerungen, an denen sich seine Liebe zu „Frau Musika" ablesen lässt. Verwunderlich ist das nicht. Schon seit Kinder- und Jugendtagen ist die Musik sein Wegbegleiter. Während seiner Schulzeit in Eisenach singt er nicht nur im Chor der Georgenkirche, er zieht auch als Mitglied einer „Kurrende" („Laufchor"; von lat. *currere*/laufen) von Haus zu Haus und singt für Geld und Gaben bei kirchlichen Festen und Familienfeiern. Später lernt er das Lautenspiel und bringt es dort zu einer bei Zeitgenossen anerkannten Meisterschaft. Auch als Erwachsener singt er gerne und gut. Dass ihn der Nürnberger Dichter und Meistersinger Hans Sachs (1495–1576) mit seinem Gedicht „*Die Wittenbergisch Nachtigall*" ein literarisches Denkmal setzt, kommt nicht von ungefähr.

Vor allem aber sieht Luther in der Musik eine allen Kreaturen innewohnende göttliche Gabe. Den Menschen als Krone der Schöpfung befähigt sie in besonderer Weise. Mit Musik und Gesang kann er seinem Lebensgefühl als von Gott geliebtes Kind Ausdruck geben. Aber die Musik kann noch mehr. Ihre Kraft als Gottesgabe macht es, dass sie dem Menschen zu innerem Frieden verhilft. Was heute als „therapeutischer Effekt" anerkannt ist, drückt Luther in der Sprache seiner Zeit so aus: „*Denn die Musik ist eine Gabe und Geschenk Gottes, nicht ein Menschengeschenk. So vertreibt sie auch den Teufel und macht die Leute fröhlich; man vergißt dabei allen Zorns, Unkeuschheit, Hoffart und andere Laster. Ich gebe nach der Theologie der Musik die nächste Stelle und die höchste Ehre.*"[4]

Ihrem Wesen als Gabe Gottes entspricht es, dass die Musik zur Aufgabe des Menschen wird. Hören und Singen, Wahrnehmung und Mitteilung gehören zusammen. „*Wes' das Herz voll ist, des geht der Mund über*", bringt Luther es in seiner Übersetzung von Matthäus 12,34 auf den Punkt. Was darunter gut evangelisch zu verstehen ist, erklärt er schon 1522 – bevor also das erste evangelische Lied auf den Marktplätzen erklingt – in der Vorrede zu seiner Übersetzung des Neuen Testaments: „*Evangelium ist ein griechisches Wort, und heißt auf deutsch gute Botschaft, gute Märe, gute Neuigkeit, gute Nachricht, davon man singet, saget und fröhlich ist.*"[5]

Das Evangelium von der Gnade Gottes ist ein solch mächtiger Impuls, dass der davon ergriffene Mensch gar nicht anders kann, als seine Freude über Gottes rettende Tat lauthals hinauszurufen – oder hinauszusingen. Wie zentral dieser Aspekt in Luthers Denken verankert ist, zeigt seine Vorrede zum Babstschen Gesangbuch (1545), der letzten zu seinen Lebzeiten herausgegebenen evangelischen Liedersammlung: „*Singet dem Herrn ein neues Lied. Singet dem HERRN alle Welt. Denn Gott hat unser*

Herz und Mut fröhlich gemacht durch seinen lieben Sohn, welchen er für uns gegeben hat zur Erlösung von Sünden, Tod und Teufel. Wer solches mit ernst glaubt, der kann's nicht lassen, er muss fröhlich und mit Lust davon singen und sagen, dass es andere auch hören und herzukommen." [6]

Aber – woher kommen die neuen Lieder, in denen das Evangelium unverfälscht und verständlich und überhaupt in deutscher Sprache zum Ausdruck kommt? In den Jahren 1521–1526, einer Phase, in der der Prozess der Reformation auf der Ebene der Gemeinde Fahrt aufnimmt, stellt sich diese Frage mit besonderer Dringlichkeit. Während Luthers Exil auf der Wartburg ist es in Wittenberg zu einer Radikalisierung der Reformation gekommen: Priesterehe, Bildersturm und ein Gottesdienst in deutscher Sprache, der für viele eine Überforderung ist: Das Abendmahl in beiderlei Gestalt ohne Opfergebet und vorherige Beichte, gereicht von einem „Priester" in Straßenkleidung – in den Gottesdiensten kommt es zu Tumulten. Auf Bitten des Stadtrates kehrt Luther im März 1522 nach Wittenberg zurück und fordert demonstrativ im Mönchsgewand in seinen berühmt gewordenen „Invokavit-Predigten" die Wiederherstellung des alten Gottesdienstes.

Damit der Schwache im Glauben dem Starken folgen kann, darf die Reformation nicht überstürzt vollzogen werden. Dass geordnete Strukturen Not tun, ist offensichtlich. So geht Luther daran, den Gottesdienst behutsam zu reformieren. Dabei ist eine Entwicklung festzustellen: Seine Ende 1523 noch auf lateinisch verfasste Schrift *„Formula missae et communionis pro ecclesia"* [7] ist getragen von dem Willen, die alte römische Messform in den Prozess der Reformation hinüberzuretten. Es bleibt im Wesentlichen bei der Tilgung jener Anteile, die dem Evangelium von Jesus Christus als der allein erlösenden Gnade widersprechen.

Einen deutlichen Schritt weiter geht Luther in seiner schon auf deutsch verfassten Schrift *„Deutsche Messe und Ordnung des Gottesdiensts"* (1526) [8]. Deutlich sind darin die Leitmotive der Verständlichkeit und der aktiven Beteiligung der Gemeinde auszumachen. Praktische Konsequenz ist zum einen die herausgehobene Stellung der Predigt und die in deutscher Sprache gehaltenen Lesungen, zum anderen die von der Gemeinde zu singenden deutschen Lieder anstelle der vom Priester lateinisch zu betenden liturgischen Stücke.

Luther gelingt es mit dieser Gottesdienstreform, das reformatorische Leitbild vom Priestertum aller Gläubigen praktisch umzusetzen. Hatte noch 1435 das Konzil zu Basel dem Volk das Singen in der Muttersprache während der Messe verboten und damit den Gesang als Privileg der Kleriker bestätigt, so nennt er sein 1529 in Wittenberg herausgegebenes Gesangbuch programmatisch „Gemeindegesangbuch". Die Gemeinde soll singen, denn Gottesdienst heißt, *„daß unser lieber Herr selbst mit uns redet durch sein heiliges Wort, und wir wiederum mit ihm reden durch Gebet und Lobgesang".*[9] Allein – es fehlen die Lieder …

Schöpfer des evangelischen „Volksliedes"

1523 schreibt Luther an seinen Freund Georg Spalatin (1484–1545): *„Ich habe die Absicht, nach dem Beispiel der alten Väter der Kirche deutsche Psalmen für das Volk zu schaffen, das heißt geistliche Lieder, damit das Wort Gottes auch durch den Gesang unter den Leuten bleibt. Wir suchen daher überall Dichter."*[10] Aber sein Ruf nach Unterstützung hat zunächst nicht die erhoffte Wirkung. Also greift er Ende 1523 selbst zur Feder und zur Laute. In weniger als einem Jahr entstehen 24 der 39 von ihm überlieferten Lieder. Eine Produktivität, die um so erstaunlicher ist, wirft man einen Blick auf sein übriges Schaffen in dieser Zeit.

Überaus facettenreich ist sein Werk: Neben Katechismusliedern, in denen sich seine theologische Leidenschaft und sein pädagogisches Interesse mit der Liebe zur Musik verbindet, umfasst es ebenso Psalmlieder, Lieder zum Kirchenjahr sowie reformatorische Lieder im engeren Sinne. Für die junge evangelische Kirche ist deren identitätsstiftende Wirkung enorm. Aber auch über den Raum der Kirche hinaus finden seine Lieder Eingang in das kulturelle Gedächtnis der Gesellschaft – nicht immer frei von dunklen Begleiterscheinungen. Dass bei Ausbruch des 1. Weltkrieges deutsche Soldaten mit *„Ein feste Burg ist unser Gott"* (EG 362) auf den Lippen gegen Frankreich (*„… der alt böse Feind"*) aus den Kasernen ausrücken, ist in diesem auf Psalm 46 zurückgehenden und die apokalyptische Endzeit in den Blick nehmenden Trostlied wahrlich nicht angelegt.

Besser ergeht es da seiner Liedschöpfung *„Vom Himmel hoch, da komm ich her"* (EG 24). Ungebrochen bis in die Gegenwart hat dieses Lied seine Bedeutung als weihnachtliches „Volkslied" erhalten können. Volkslied deshalb, weil Luther hier auf ein im Volk populäres weltliches Lied zurückgreift (*„Ich kumm aus fremden Landen her"*), ihm aber eine neue, weihnachtliche Gestalt gibt. Auch kompositorisch hinterlässt er in diesem Lied Spuren. Inspiriert durch die ihm vorliegende Volksweise entwickelt er sie weiter zu jenem Choral, wie er heute noch gesungen wird.

Damit ist die Frage, ob Luther auch als der musikalische Schöpfer seiner Lieder gelten kann, wenigstens zum Teil beantwortet. Dass er aufgrund seiner musikalischen Vorbildung dazu in der Lage ist, steht außer Zweifel. Schließlich ist es ja kein Geringerer als Johann Sebastian Bach (1685–1750), der Luther dadurch die Referenz erweist, dass er dessen Komposition zu *„Vom Him-*

mel hoch" in sein Weihnachtsoratorium aufnimmt – und dies gleich dreifach.[11] Sicherlich wird Luther auch von seiner Freundschaft zu Johann Walter (1496–1570), dem Begründer des evangelischen Kantoreiwesens, musikalisch profitiert haben. Insgesamt aber bleibt seine musikalische Urheberschaft für seine Lieder ein Feld mehr oder weniger gut abgestützter Hypothesen. Für einige Lieder kann sie als gesichert gelten (EG 362: *„Ein feste Burg ist unser Gott"*) , für andere ist sie wahrscheinlich (EG 341: *„Nun freut euch, lieben Christen g'mein"*).

Voraussetzungslos ist Luthers Liederschaffen also nicht, zumal es eine reiche, vorreformatorische, von ihm hochgeschätzte geistliche Liedtradition gibt. Aber es gibt auch ein entscheidendes Kriterium, das den Umgang mit ihr bestimmt: Ihre Evangeliumsgemäßheit. Die lateinischen Hymnen und Litaneien dürfen nicht quer stehen zum reformatorischen Leitgedanken der Rechtfertigung allein aus Glauben. Erst dann steht einer „Konvertierung" nichts im Wege. Von Luther in die Muttersprache übersetzt (z.B. EG 4: *„Nun komm, der Heiden Heiland"*[12]; EG 191: *„Herr Gott, dich loben wir"*[13]; EG 421: *„Verleih uns Frieden gnädiglich"*[14]), können sie nun von der ganzen gottesdienstlichen Gemeinde gesungen werden. So wird auch an ihnen deutlich: Das Evangelium ist Allgemeingut und es äußert sich im Priestertum *aller* Gläubigen. Oder

pointiert formuliert: Der Gesang der Gemeinde ist kein schmückendes Beiwerk, das den Gottesdienst gewissermaßen „atmosphärisch auflädt". Er ist vielmehr neben der Predigt *die* Form, in der die Verkündigung des Evangeliums ihren Ausdruck findet.

Bei den sog. „Leisen" kann Luther auf eine etablierte Form des volkssprachlichen Gesangs zurückgreifen. Entstanden im 11. Jahrhundert als kurze, einstrophige Pilgergesänge, die auf *„Herr, erbarme dich"* (griech. „Kyrie eleison" oder „Kyrieleis") enden, hatten Leisen den Weg in die Gottesdienste gefunden. Vor allem an den Festtagen antwortete die Gemeinde mit ihnen auf den Chorgesang der Kleriker. Luther greift mehrere Leisen auf und erweitert sie zu Chorälen (z. B. EG 23: *„Gelobet seist du, Jesu Christ"*; EG 124: *„Nun bitten wir den Heiligen Geist"*).

Beim österlichen *„Christ ist erstanden"* (EG 99), das sich vom 12. bis 15. Jahrhundert selbst zum volkssprachlichen Choral entwickelt hat, zögert Luther nicht, ihn in sein 1529 herausgegebenes Wittenberger Gesangbuch zu übernehmen, denn: *„Alle Lieder singt man sich mit der Zeit müde, aber das ‚Christ ist erstanden' muß man alle Jahr wieder singen."*[15] Typisch für ihn ist die christologische Umakzentuierung am Ende der zweiten Strophe: Das altkirchliche *„... so freut sich alles das da ist"* ersetzt er durch *„...so lobn wir den Vater Jesu Christ"*.

Hier werden Luthers Prinzipien im Umgang mit der ihm vorliegenden Tradition deutlich. Einerseits nimmt er die alten Gesänge bewusst als Anknüpfungspunkte auf, andererseits werden sie konsequent dort „nachevangelisiert", wo es nötig ist. Das alles geschieht mit Blick auf die Adressaten, denen es leicht gemacht werden soll, in die evangelische Lehre hineinzuwachsen.

Hier zeigt sich eine Parallele zur gleichzeitig stattfindenden Bibelübersetzung. Wie dort ist seine Arbeit an den Liedtexten von dem Maß gebenden Prinzip geleitet: Man muss „*dem Volk aufs Maul schauen*".[16] In seinem an Spalatin gerichteten Brief drückt er es differenzierter aus: „*Ich möchte aber, daß neue und nur am Hofe gangbare Worte nicht verwendet werden, damit nach dem Fassungsvermögen des Volkes möglichst einfältige und ganz gewöhnliche Worte gesungen werden, die doch zugleich rein und passend sind. Weiter soll der Sinn klar sein und den Psalmen so nahe wie möglich stehen. Es muß hier daher frei verfahren werden: man muß den Sinn beibehalten, die Worte fahren lassen und durch andere geeignete Worte ersetzen.*"

Die Sprache des Volkes ist die Bezugsgröße, wenn es darum geht, das Evangelium Gesang werden zu lassen. Von hier aus lässt sich denn auch die Feststellung treffen: Martin Luther geht es in einem ursprünglichen Sinn um „Volkslieder". Auch wenn der durch Johann Gottfried Herder (1744–1803) geprägte Begriff des „Volkslieds"[17] sich wesentlich am Kriterium der unbekannten Verfasserschaft festmacht (Lied *aus dem Volk*): Luther schreibt Lieder *für* das Volk, und das Volk macht sie zu *seinen* Liedern. So verstanden ist die Bezeichnung „Volkslied" angemessen, auch wenn es sich nach strenger musikwissenschaftlicher Definition um „Lieder im Volkston" handelt.

Hier schließt sich der Kreis – und ist doch offen für das, was noch kommen soll. Martin Luther folgen Paul Gerhardt (EG 503: „*Geh aus, mein Herz*"), Wilhelm Hey (EG 511: „*Weißt du, wieviel Sternlein stehn*"), Matthias Claudius (EG 482: „*Der Mond ist aufgegangen*") und viele andere, deren Lieder auch über Kirchengrenzen hinweg ihren Weg zu den Menschen finden. Und sicherlich hätte sich Martin Luther über das Lied „*Danke*" (EG 334) von Martin Gotthard Schneider besonders gefreut: Steht es doch 1963 sechs Wochen lang in den Charts der deutschen Hitparade (Botho-Lucas-Chor).

Die Lieder

Zum Auftakt:

„Wem Gott will rechte Gunst erweisen, den schickt er in die weite Welt" – ein Volkslied, das zum Aufbruch bläst – mit einer frischen Melodie.

Den Text hat Josef von Eichendorff geschrieben. Wir finden ihn in seiner Novelle „Aus dem Leben des Taugenichts". Eichendorff gehört zu den meistvertonten deutschsprachigen Dichtern. Auch zu diesem Liedtext gibt es viele Vertonungen. Zum Volkslied wird es mit der Melodie des Schweizer Dirigenten Friedrich Theodor Fröhlich. Der nimmt es 1833 in seine Sammlung „Lieder im Volkston" auf.

Ein Lied, das uns in die weite Welt der Natur führt, in die Welt der Wunder Gottes. Wenn ich den lieben Gott nur walten lasse, dann geht es seiner wunderbaren Schöpfung gut. Wenn ich mich an Gott ausrichte, dann steht auch meine Sache unter einem guten Stern. Das Lied könnte ein aktueller Beitrag zur Frage der Bewahrung der Schöpfung sein – und auch dazu, wie mein Beitrag aussehen könnte. Eine Orientierungshilfe, die mich Gottes Werten, die mich Gottes Welt näher bringt.

Aber ist es wirklich ein Volkslied? Der Begriff besagt, dass ein Lied leicht zu singen und im „Volk beliebt" ist. Immerhin ist „Volkslied" eine Übersetzung von „popular song" – übrigens stammt das Wort von Johann Gottfried Herder im Jahre 1773. Es steht auch für „volksnahe Dichtung". „Lieder im Volkston" eben. Und eigentlich ist es anonym.

Bei diesem Lied kennen wir die Autoren – wie bei vielen anderen Liedern in diesem Buch auch. Aber sie treten hinter dem Lied zurück. – Oft ist das Lied bekannter als die, die es geschrieben haben. Man muss erst nachschauen, wer es war. Und oft finden wir dann heraus: eine Melodie, ein Text ist wirklich nicht mehr einem bestimmten Autor zuzuordnen.

Ein *evangelisches* Volkslied hat eine Botschaft. Es eröffnet uns einen Blick in Gottes Welt. Lässt uns aufleben. Und manchmal heilt es sogar, wenn wir es singen. Wenn das geschieht, danken wir Gott dafür.

In die Welt der evangelischen Volkslieder aus mehr als fünf Jahrhunderte wollen wir Sie in diesem Buch entführen. Sie werden entdecken: Immer sind die Lieder lebendig, wenn wir sie hören, mitsingen – und etwas über die Welt erfahren, in der sie entstanden sind.

Begleiten Sie uns in die Welt der evangelischen Volkslieder.

Immer wieder schrieben Autoren Lieder unter dem Leitspruch: „Es gibt in meinem Leben einen einzigen Erfolg, auf den ich wirklich stolz bin, dass einige meiner Lieder anonym oder doch fast anonym geworden sind, von denen ich glaube, dass sie noch in 100 Jahren im deutschen Volk leben werden. Was kann sich ein Volkssänger Besseres wünschen?" – Das Zitat stammt von Christian Lahusen, der u.a. die Melodie zu dem Lied „Meinem Gott gehört die Welt" schrieb.

Wem Gott will rechte Gunst erweisen

Wem Gott will rechte Gunst erweisen,
den schickt er in die weite Welt,
dem will er seine Wunder weisen
in Berg und Wald und Strom und Feld.

Die Trägen, die zu Hause liegen,
erquicket nicht das Morgenrot,
sie wissen nur von Kinderwiegen,
von Sorgen, Last und Not um Brot.

Die Bächlein von den Bergen springen,
die Lerchen schwirren hoch vor Lust.
Was soll ich nicht mit ihnen singen
aus voller Kehl und frischer Brust?

Den lieben Gott lass ich nun walten.
Der Bächlein, Lerchen, Wald und Feld
und Erd und Himmel will erhalten,
hat auch mein Sach aufs best bestellt.

Text: Josef von Eichendorff (1822)
Melodie: Friedrich Theodor Fröhlich (1833)

Lange Gänge. Kalter Stein. Mönche, die durch den Kreuzgang gehen, dort die Bibel lesen.

Sechs mal am Tag zu Gebetszeiten in die Kirche gehen – das ist das Leben in einem mittelalterlichen Kloster.

Auch Martin Luther lebt einige Jahre im Kloster – in Erfurt. Dort wächst er mit den alten Klängen der Kirche auf.

Luther mag diese Musik. Aber mit der Zeit wird in ihm der Wunsch immer stärker: Ich möchte das, was ich von Gott verstanden habe, die „gute Mär", ich möchte meine Theologie auch selber in Liedern zusammenfassen. Denn so werden sich die Menschen besser merken können, was mir wichtig ist. Besser, als wenn es nur zwischen zwei Buchdeckeln geschrieben steht. Er schreibt neue Texte zu den alten Melodien. Und kommt immer mehr zu der Überzeugung: Meine Lieder sollen das Lebensgefühl der Menschen ansprechen. So holt er die Musik der Straße in die Kirche: die Gassenhauer, Schlager, die Volkslieder, den Tanzrhythmus, die Bänkellieder.

„Nun freut euch, lieben Christen g'mein" ist als beschwingtes Liebeslied komponiert – genauer gesagt: Luther nutzt zwei bekannte Melodien von Liebesliedern für seinen neuen Text. Die Menschen sollen diese Melodien wieder erkennen. Damit allen klar ist: Hier geht es um ein Liebeslied.

Das Lied tritt 1523 einen geradezu unglaublichen Siegeszug an: Bänkelsänger tragen es dem staunenden Publikum auf mittelalterlichen Marktplätzen vor. Schuster pfeifen es rhythmisch klopfend oder hämmernd bei ihrer Arbeit. Wandernde Handwerksburschen tragen das Lied singend durch die ganzen deutschen Lande und werden so zu „Tonträgern".[18]

Hören Sie sich das Lied einmal an:

Welche Lebensfreude durch die erste Strophe pulsiert, welche Pein aus der zweiten Strophe spricht, wo es um die Hölle geht – und wie dann die Liebesgeschichte Gottes mit den Menschen erzählt wird – in einer Ballade, einem Bänkellied.

Nun freut euch, lieben Christen g'mein

(EG 341)*

oder: Gott spricht viele Sprachen – eine seiner liebsten ist die Musik.

1523 fängt der auch als „Lautenspieler und Sänger" geschätzte Theologe an, Lieder zu schreiben. Allein 24 der 39 von ihm überlieferten Lieder entstehen in einem knappen Jahr. Die Lieder verbreiten sich in Windeseile und werden bei den Menschen, die weder schreiben noch lesen können, zu dem „Motor" der Reformation.

Das Singen der evangelischen Lieder bedeutete für die alte Lehre (Roms) die größte Gefahr. Der Jesuit Adam Contzen brachte es 1620 – knapp 100 Jahre nach Luther – so auf den Punkt: „Die Lieder Luthers haben mehr Seelen als seine Schriften und Reden getötet".

* EG = Evangelisches Gesangbuch

1

Nun freut euch, lieben Christen g'mein

Nun freut euch, lieben Christen g'mein,
und lasst uns fröhlich springen,
dass wir getrost und all in ein
mit Lust und Liebe singen,
was Gott an uns gewendet hat
und seine süße Wundertat;
gar teu'r hat er's erworben.

Dem Teufel ich gefangen lag,
im Tod war ich verloren,
mein Sünd mich quälte Nacht und Tag,
darin ich war geboren.
Ich fiel auch immer tiefer drein,
es war kein Guts am Leben mein,
die Sünd hatt' mich besessen.

Mein guten Werk, die galten nicht,
es war mit ihn' verdorben;
der frei Will hasste Gotts Gericht,
er war zum Gutn erstorben;
die Angst mich zu verzweifeln trieb,
dass nichts denn Sterben bei mir blieb,
zur Höllen musst ich sinken.

Da jammert Gott in Ewigkeit
mein Elend übermaßen;
er dacht an sein Barmherzigkeit,
er wollt mir helfen lassen;
er wandt zu mir das Vaterherz,
es war bei ihm fürwahr kein Scherz,
er ließ's sein Bestes kosten.

Er sprach zu seinem lieben Sohn:
„Die Zeit ist hier zu erbarmen;
fahr hin, meins Herzens werte Kron,
und sei das Heil dem Armen
und hilf ihm aus der Sünden Not,
erwürg für ihn den bittern Tod
und lass ihn mit dir leben."

Der Sohn dem Vater g'horsam ward,
er kam zu mir auf Erden
von einer Jungfrau rein und zart;
er sollt mein Bruder werden.
Gar heimlich führt er sein Gewalt,
er ging in meiner armen G'stalt,
den Teufel wollt er fangen.

Er sprach zu mir: „Halt dich an mich,
es soll dir jetzt gelingen;
ich geb mich selber ganz für dich,
da will ich für dich ringen;
denn ich bin dein und du bist mein,
und wo ich bleib, da sollst du sein,
uns soll der Feind nicht scheiden.

Vergießen wird er mir mein Blut,
dazu mein Leben rauben;
das leid ich alles dir zugut,
das halt mit festem Glauben.
Den Tod verschlingt das Leben mein,
mein Unschuld trägt die Sünde dein,
da bist du selig worden.

Gen Himmel zu dem Vater mein
fahr ich von diesem Leben;
da will ich sein der Meister dein,
den Geist will ich dir geben,
der dich in Trübnis trösten soll
und lehren mich erkennen wohl
und in der Wahrheit leiten.

Was ich getan hab und gelehrt,
das sollst du tun und lehren,
damit das Reich Gotts werd gemehrt
zu Lob und seinen Ehren;
und hüt dich vor der Menschen Satz,
davon verdirbt der edle Schatz:
Das lass ich dir zur Letze."

Text und Melodie: Martin Luther (1523)

Ein feste Burg ist unser Gott

(EG 362)

„Ein feste Burg ist unser Gott" erscheint erstmals 1529 im Wittenberger Gesangbuch. Die Umstände seiner Abfassung liegen im Dunkeln. Die These, das Lied sei entstanden vor dem Hintergrund des Reichstages zu Speyer 1529, auf dem sich die der Reformation zugetanen Fürsten weigerten, weiter der katholischen Konfession anzugehören (daher „Protestanten"), ist reine Spekulation.

Dass auch die Melodie von Luther stammt, kann als sicher angenommen werden. Innerhalb des Kirchenjahres hat das Lied seinen Platz am 1. Sonntag der Passionszeit (Invokavit) mit dem Leitmotiv: Gottes Hilfe in Versuchung und Anfechtung.

Kriegsbeginn August 1914: Eine Gemeinde nimmt Abschied von den einberufenen Männern. Von der Orgelempore erklingen die hellen Stimmen des Kinderchores: „Ein feste Burg ist unser Gott".

Das ist die Schluss-Szene des Films „Das weiße Band" – so irritierend wie der ganze Film ist, endet er. „Der Schlusschor ist die evangelische Nationalhymne, das lag auf der Hand", sagt Michael Haneke, der Regisseur. „Außerdem passt der Text von Martin Luthers ‚Ein feste Burg ist unser Gott, ein gute Wehr und Waffen' für einen Kriegsbeginn sehr gut."[19]

Da zeigt sie sich wieder: die fatale Wirkungsgeschichte des bekanntesten aller reformatorischen Lieder. Das Trostlied des Glaubens wurde je länger je mehr zum patriotisch aufgeladenen Trutzlied der Deutschen. „Das Reich muss uns doch bleiben" – welch eine nationalistische Verdrehung des Reiches Gottes! Wie viele ließen auf diesen Satz hin „Gut, Ehr, Kind und Weib" dahinfahren – im guten Glauben an die falsche Sache!

Was ist falsch gelaufen bei diesem Lied? Soviel steht fest: Martin Luther hat es nicht mit Blick auf künftige Reformationsfeiern und Heldengedenktage geschrieben. Es ist eine freie Nachdichtung des 46. Psalms. Luther nimmt dessen Leitgedanken auf: Der Glaube an Gott ist stärker als die Furcht vor den Menschen. Zugleich schlägt er die Brücke aus den Psalmen in das Evangelium. Es geht um den Glauben an den, dessen Reich eben nicht von dieser Welt ist. „Fragst du, wer der ist? Er heißt Jesus Christ."

Wie kann sich das ursprüngliche Verständnis des Liedes neu erschließen? Vielleicht dadurch, dass wir das Lied nicht als „Hymne des Reformationstages" singen, sondern als Vertrauenslied. Und: Geben wir ihm seine ursprüngliche, gut singbare Melodie zurück. Deren lebendiger Rhythmus macht aus der „Marseillaise der Reformation" (Friedrich Engels) wieder das Lied, das Luther wohl vor Augen stand, als er den 46. Psalm übersetzte: „Gott ist unsere Zuversicht und Stärke, eine Hilfe in den großen Nöten, die uns getroffen haben …"

Ein feste Burg ist unser Gott

Ein feste Burg ist unser Gott,
ein gute Wehr und Waffen.
Er hilft uns frei aus aller Not,
die uns jetzt hat betroffen.
Der alt böse Feind
mit Ernst er's jetzt meint;
groß Macht und viel List
sein grausam Rüstung ist,
auf Erd ist nicht seinsgleichen.

Mit unsrer Macht ist nichts getan,
wir sind gar bald verloren;
es streit' für uns der rechte Mann,
den Gott hat selbst erkoren.
Fragst du, wer der ist?
Er heißt Jesus Christ,
der Herr Zebaoth,
und ist kein andrer Gott,
das Feld muss er behalten.

Und wenn die Welt voll Teufel wär
und wollt uns gar verschlingen,
so fürchten wir uns nicht so sehr,
es soll uns doch gelingen.
Der Fürst dieser Welt,
wie sau'r er sich stellt,
tut er uns doch nicht;
das macht, er ist gericht':
Ein Wörtlein kann ihn fällen.

Das Wort sie sollen lassen stahn
und kein' Dank dazu haben;
er ist bei uns wohl auf dem Plan
mit seinem Geist und Gaben.
Nehmen sie den Leib,
Gut, Ehr, Kind und Weib:
Lass fahren dahin,
sie haben's kein' Gewinn,
das Reich muss uns doch bleiben.

Text und Melodie: Martin Luther (1529)

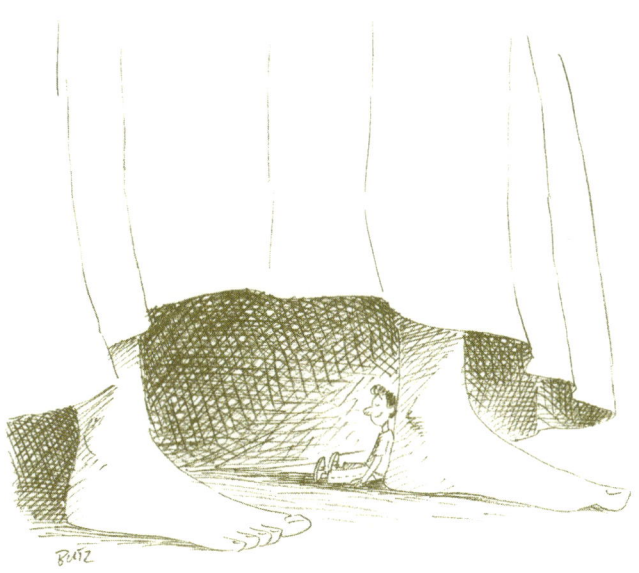

Ein' feste Burg ist unser Gott,
ein' gute Wehr und Waffen:
Er hilft uns frei aus aller Noth,
und will uns Ruhe schaffen.
Was trotzt der alte Feind,
der's bös mit uns gemeint?
sein grausam Macht und List
des Satans Rüstung ist;
auf Erd'n ist nicht sein's Gleichen.

…

Und wenn die Welt voll Teufel wär'
und wollten uns gar verschlingen;
mit Gott zum Kampf, du treues Heer!
dir muß der Sieg gelingen!
Der helfen will und kann
den rufen wir an
von Gottes Muth entbrannt
stehn wir für's Vaterland,
sein Arm ist Wehr dem Schwachen.

…

aus:
Gesang- und Liederbuch für die
Braunschweigischen Truppen,
Braunschweig 1814

Lieder eröffnen Räume, Erinnerungsräume. Bei „Vom Himmel hoch" habe ich oft das Gefühl, wieder im weihnachtlichen Zimmer meiner Kindheit zu stehen: Wie an Heiligabend das alltägliche Wohnzimmer in einem besonderen, warmen Licht erstrahlt und dezent im Hintergrund die Regensburger Domspatzen zu hören sind: „Vom Himmel hoch, da komm ich her …

Die Platte ist verschollen, und was noch schlimmer ist: die gute alte Philips-Musiktruhe mit der in Brokat ausgeschlagenen und beleuchteten Bar auch. Aber das Lied ist geblieben und mit ihm viele Erinnerungen. Fast wie auf Knopfdruck stellen sie sich beim Hören ein.

Es heißt, Martin Luther habe dieses Lied Weihnachten 1534 zur Bescherung seiner damals noch kleinen Kinder geschrieben. Es könnte sogar die musikalische Unterlegung eines familiären Krippenspiels gewesen sein, das über 15 Strophen hinweg die Begegnung zwischen dem Engel und den Hirten, deren Aufbruch nach Bethlehem und Ankunft im Stall darstellt. Das alles in enger Bindung an die Textgrundlage Lukas 2,8–18.

Wenn das wirklich so gewesen ist, dann hat Martin Luther damit einen ganz besonderen weihnachtlichen Erinnerungsraum geschaffen. In diesem Raum gibt es keine Grenze zwischen dem Damals und dem Heute, zwischen Hirten und Sängern. In diesem Raum wird aus der Geschichte („Es begab sich aber zu der Zeit …") ein aktuelles Ereignis: „Des' lasst uns alle fröhlich sein und mit den Hirten gehn hinein …".

Vom Himmel hoch, da komm ich her

(EG 24/GL 237*)

Martin Luther hat sich zu „Vom Himmel hoch" (Titel: „Kinderlied auff die Weihenachten") durch ein damals populäres weltliches Tanzlied anregen lassen: „Ich kumm aus frembden Landen her". Zunächst veröffentlicht er seinen Text mit der ihm vorliegenden Melodie (1535). 1539 erscheint die neue, heute allgemein bekannte und ihm zugeschriebene Melodie. Gleich drei Mal findet sie Eingang in Johann Sebastian Bachs Weihnachtsoratorium.

Die Menschen haben „Vom Himmel hoch" zu einem echten Volkslied gemacht. Schon früh findet es sich in Kinder- und Volksliederbüchern. Wie populär es ist, zeigt sich auch an seiner raschen Verbreitung über den deutschsprachigen Raum hinaus: „Van hoochde des Hemels coem ick hier" (Niederlande 1565); „I come from heuin to tell" (Schottland 1567).

* GL = Gotteslob

Vom Himmel hoch, da komm ich her

Vom Himmel hoch, da komm ich her,
ich bring euch gute neue Mär;
der guten Mär bring ich so viel,
davon ich singn und sagen will.

Euch ist ein Kindlein heut geborn
von einer Jungfrau auserkorn,
ein Kindelein so zart und fein,
das soll eu'r Freud und Wonne sein.

Es ist der Herr Christ, unser Gott,
der will euch führn aus aller Not,
er will eu'r Heiland selber sein,
von allen Sünden machen rein.

Er bringt euch alle Seligkeit,
die Gott der Vater hat bereit',
dass ihr mit uns im Himmelreich
sollt leben nun und ewiglich.

So merket nun das Zeichen recht:
die Krippe, Windelein so schlecht,
da findet ihr das Kind gelegt,
das alle Welt erhält und trägt."

Des lasst uns alle fröhlich sein
und mit den Hirten gehn hinein,
zu sehn, was Gott uns hat beschert,
mit seinem lieben Sohn verehrt.

Merk auf, mein Herz, und sieh dorthin;
was liegt doch in dem Krippelein?
Wes ist das schöne Kindelein?
Es ist das liebe Jesulein.

Sei mir willkommen, edler Gast!
Den Sünder nicht verschmähet hast
und kommst ins Elend her zu mir:
wie soll ich immer danken dir?

Ach Herr, du Schöpfer aller Ding,
wie bist du worden so gering,
dass du da liegst auf dürrem Gras,
davon ein Rind und Esel aß!

Und wär die Welt vielmal so weit,
von Edelstein und Gold bereit',
so wär sie doch dir viel zu klein,
zu sein ein enges Wiegelein.

Der Sammet und die Seiden dein,
das ist grob Heu und Windelein,
darauf du König groß und reich
herprangst, als wär's dein Himmelreich.

Das hat also gefallen dir,
die Wahrheit anzuzeigen mir,
wie aller Welt Macht, Ehr und Gut
vor dir nichts gilt, nichts hilft noch tut.

Ach mein herzliebes Jesulein,
mach dir ein rein sanft Bettelein,
zu ruhen in meins Herzens Schrein,
dass ich nimmer vergesse dein.

Davon ich allzeit fröhlich sei,
zu springen, singen immer frei
das rechte Susaninne schön,
mit Herzenslust den süßen Ton.

Lob, Ehr sei Gott im höchsten Thron,
der uns schenkt seinen ein'gen Sohn.
Des freuet sich der Engel Schar
und singet uns solch neues Jahr.

Text und Melodie:
Martin Luther (1535 / 1539)

Der ursprüngliche Text – die „Vorlage"
für Martin Luther:

Ich kumm aus fremden Landen her
und bring euch viel der neuen Mär,
der neuen Mär bring ich so viel,
mer dann ich euch hie sagen will.

Die fremden Land die sind so weit,
darin wächst uns gut Sommerzeit,
darin da wachsen Blümlein rot und
weiss,
die brechen die Jungfrauen mit ganzem
Fleiß.

Und machen daraus einen Kranz
und tragen ihn an den Abendtanz
und lond die Gesellen darum singen,
bis einer das Kränzlein tut gewinnen.

Die beste Zeit im Jahr ist mein

(EG 319)

„Die beste Zeit im Jahr ist mein" ist ein wunderschönes Lied mit einer leichten Melodie. Es ist ein Lob an die Musik: Gott hat die Musik geschaffen.

Die Musik bewirkt etwas bei uns Menschen. Sie hat Kraft. Sie heilt. Sie inspiriert. Und das Singen lässt uns aufleben, glücklich werden.

Zum Musikmachen, zum Singen sind wir geboren. Indem Musik erklingt, erklingt dem Schöpfer ein Lob. Nicht nur von uns Menschen. Die ganze Schöpfung lobt Gott mit ihren Klängen, mit ihrem Gesang.[20]

Man hat immer wieder überlegt: Ist in dem Lied vom Wonnemonat Mai die Rede? Die beste Zeit im Jahr ist doch der Mai. Im Frühling singen die Vögel ja am meisten, am schönsten. „Himmel und Erden sind der voll ..."

Die singenden Vögel stehen nicht nur in diesem Lied als Beispiel für das wohlklingende, ursprüngliche Leben. Sie zeigen: Zum Musikmachen, zum Singen sind wir geboren.

Und das Singen, die Klänge, die Töne gehen weit über uns hinaus. Sie stimmen ein in den Urklang des Tons, der die Welt zum Schwingen bringt. Der allgegenwärtig ist in allen Dingen und Lebewesen. Wir können einstimmen in den Gesang, der außer und über den Menschen ist. In das Lob der unerfindlichen Schönheit der Musik.[21]

Martin Luther sagt: Die Musik verkündigt das Evangelium.

„Die edle Musika ist nach Gottes Wort der höchste Schatz auf Erden. Sie regiert alle Gedanken, Sinn, Herz und Mut. Willst du einen Betrübten fröhlich machen, einen Frechen, wilden Menschen zähmen, dass er gelinde werde, einem zaghaftigen Mut machen, einen hoffärtigen demütigen – was kann besser dazu dienen denn diese hohe, teure, werte und edle Kunst?"

Wenn wir Musik machen, wenn wir singen, dann leben wir richtig auf. Dann erleben wir am eigenen Leib: Musik hat Kraft. Und gibt Kraft. Sie inspiriert – und sie heilt.

„Die beste Zeit..." ist ein Lob an die Musik. Diese „Theologie der Musik", die Luther 1538 – also acht Jahre vor seinem Tod – geschrieben hat, war ursprünglich gar nicht für ein Lied bestimmt. Der Text war viel länger und als Vorrede „auf alle guten Gesangbücher" verfasst – so heißt es in verschiedenen Gesangbüchern, in denen er abgedruckt ist. Der Clou dabei ist, dass Frau Musika selbst singt. Einem Engel gleich nimmt sie uns an die Hand und führt uns hinaus in die klingende Schöpfung. Vier Strophen davon wurden später zu dem Lied „Die beste Zeit".

2

Die beste Zeit im Jahr ist mein

Frau Musika spricht:

Die beste Zeit im Jahr ist mein,
da singen alle Vögelein,
Himmel und Erden ist der voll,
viel gut Gesang, der lautet wohl.

Voran die liebe Nachtigall
macht alles fröhlich überall
mit ihrem lieblichen Gesang,
des muss sie haben immer Dank.

Vielmehr der liebe Herre Gott,
der sie also geschaffen hat,
zu sein die rechte Sängerin,
der Musika ein Meisterin.

Dem singt und springt sie Tag und Nacht,
seins Lobes sie nichts müde macht:
Den ehrt und lobt auch mein Gesang
und sagt ihm einen ewgen Dank.

Text: Martin Luther (1538)
Melodie: Böhmische Brüder
(1544, Straßburg 1572, Karl Lütge 1917)

Fur allen freuden auff erden
Kan niemand keine feiner werden,
Denn die ich geb mit meim singen
Und mit manchem süssen klingen.

Hie kan nicht sein ein böser mut
Wo da singen gesellen gut,
Hie bleibt kein zorn, zanck, hass, noch neid
Weichen mus alles hertzeleid,

Geitz, sorg und was sonst hart an leit
Fert hin mit aller traurigkeit,
Auch ist ein jeder des wol frey,
Das solche freud kein sünde sey,

Sondern auch Gott viel bas gefelt
Denn alle freud der gantzen welt.
Dem Teuffel sie sein werck zerstört
Und verhindert viel böser mörd.

Das zeugt Dauid des Königs that,
Der dem Saul offt gewehret hat
Mit gutem süssem harffenspiel,
Das er nicht jnn grossen mord fiel.

Zum Göttlichen Wort und warheit
Macht sie das hertz still und bereit.
Solchs hat Eliseus bekant
Da er den geist durchs harffen fand.

Die beste zeit im jar ist mein,
Da singen alle Vögelein,
Himel und erden ist der vol,
Viel gut gesang da lautet wol.

Voran die liebe Nachtigal
Macht alles frölich vberal
Mit jrem lieblichem gesang,
Des mus sie haben jmmer danck,

Vielmehr der liebe HERRE Gott,
Der sie also geschaffen hat,
Zu sein die rechte Sengerin,
Der Musicen ein Meisterin.

Dem singt und springt sie tag und nacht
Seines lobs sie nichts müde macht,
Den ehrt und lobt auch mein gesang
Und sagt jm ein ewigen danck.

Gut 50 Kilometer südlich von Breslau liegt das schlesische Städtchen Schweidnitz. Die Einführung der Reformation hat dort im 30-jährigen Krieg verheerende Folgen: Von 5000 Einwohnern überleben gerade mal 200 in Ruinen und notdürftig geflickten Holzhütten.

Trotzdem sind die Schweidnitzer in der Lage, bereits kurz nach dem Krieg eine Friedenskirche aufzubauen – bis heute ein berühmtes Wahrzeichen der Stadt. Auch als Schulstadt hat der Ort eine lange Tradition.

Joachim Sartorius (das ist die lateinische Übersetzung für „Schneider"), Lehrer an der Lateinschule und Pfarrerssohn, schreibt gern Psalmen in Reimform. Diese Psalmlieder lässt der Musiklehrer seine Schüler nach bekannten Melodien singen. Sie kommen so gut an, dass seine Kollegen ihm Mut machen: „Bring doch den ganzen Psalter in Liedform".

Ein einziges Lied von dieser Gesamtkomposition ist heute noch bekannt – nicht nur im Evangelischen Gesangbuch, sondern auch im Gotteslob. Das Lied zu dem kürzesten Psalm der Bibel:

„Lobet den Herrn, alle Heiden! Preiset ihn, alle Völker!
Denn seine Gnade und Wahrheit waltet über uns in Ewigkeit.
Halleluja!"

Der ganzen Welt wird zugerufen: „Gottes Gnade, Güte und Wahrheit gilt allen." Und alle Menschen werden aufgerufen: „Lobt Gott! Dankt ihm!"

Melchior Vulpius *(Wolf)* ist Kollege von Sartorius – in der Stadt Schleusingen am Südhang des Thüringer Waldes. Später wird er Stadtkantor in Weimar. Er findet für den Liedtext eine wunderschöne Melodie. Lebendig, pulsierend, tänzelnd kommt sie daher. Sie atmet den Geist eines Renaissance-Tanzes.

Das Lied in diesem „Geist" zu singen, bringt den 117. Psalm bis heute so richtig „zum Schwingen und Klingen".

Versuchen Sie's mal.

Lobt Gott den Herrn, ihr Heiden all

(EG 293)

350 Jahre später schreibt Maria Luise Thurmair mitten im Zweiten Weltkrieg – im Jahr ihrer Hochzeit – einen neuen Text zu dem Lied, das die Heilsgeschichte des Heiligen Geistes erzählt. Die katholische Germanistin stammt aus Südtirol. Mit Gleichgesinnten diskutiert sie schon in jungen Jahren, wie Kirche und Gottesdienst erneuert werden können. Später wird sie als einzige Frau in die Gesangbuchkommission berufen, die das erste „Gotteslob" entwickelt. 38 neue Texte von ihr, die ein neues, durch das II. Vatikanum bestärktes Gottesbild vermitteln, werden in das katholische Gesangbuch aufgenommen, das 1975 erscheint. Auch im neuen Gotteslob (2013 erschienen) sind 21 Liedtexte von ihr enthalten.

3

Lobt Gott den Herrn, ihr Heiden all

Lobt Gott den Herrn, ihr Heiden all,
lobt Gott von Herzensgrunde,
preist ihn, ihr Völker allzumal,
dankt ihm zu aller Stunde,
dass er euch auch erwählet hat
und mitgeteilet seine Gnad
in Christus, seinem Sohne.

Denn seine groß Barmherzigkeit
tut über uns stets walten,
sein Wahrheit, Gnad und Gütigkeit
erscheinet Jung und Alten
und währet bis in Ewigkeit,
schenkt uns aus Gnad die Seligkeit;
drum singet Halleluja.

Text: Joachim Sartorius (1591)
Melodie: Melchior Vulpius (1609)

Der Geist des Herrn erfüllt das All mit Sturm und Feuersgluten;
er krönt mit Jubel Berg und Tal, er lässt die Wasser fluten.
Ganz überströmt von Glanz und Licht
erhebt die Schöpfung ihr Gesicht,
frohlockend: Halleluja.

Der Geist des Herrn erweckt den Geist in Sehern und Propheten,
der das Erbarmen Gottes weist und Heil in tiefsten Nöten.
Seht, aus der Nacht Verheißung blüht;
die Hoffnung hebt sich wie ein Lied
und jubelt: Halleluja.

Der Geist des Herrn treibt Gottes Sohn, die Erde zu erlösen;
er stirbt, erhöht am Kreuzesthron, und bricht die Macht des Bösen.
Als Sieger fährt er jauchzend heim
und ruft den Geist, dass jeder Keim
aufbreche: Halleluja.

Der Geist des Herrn durchweht die Welt gewaltig und unbändig
wohin sein Feueratem fällt, wird Gottes Reich lebendig.
Da schreitet Christus durch die Zeit
in seiner Kirche Pilgerkleid,
Gott lobend: Halleluja.

Maria Luise Thurmair (1941) – Gotteslob Nr. 347

Wie lieblich ist der Maien

„Mit Lieb bin ich umfangen, Herzallerliebste mein.
Nach dir steht mein Verlangen, möcht immer bei dir sein.
Könnt ich dein Gunst erwerben, käm ich aus großer Not;
sonst wollt ich lieber sterben und wünscht mir selbst den Tod."
So beginnt der Jurist Johann Steurlein aus Meiningen in
Thüringen sein Lied. Er schreibt es in den siebziger Jahren des
16. Jahrhunderts.

Einige Jahrzehnte später schreibt der Lehrer, Diakon, später
Pastor Martin Behm aus Laubau einen neuen Text zu der le-
bendig-pulsierenden Melodie. Aus dem Lied für einen liebens-
werten Menschen wird ein Liebeslied für Gottes Schöpfung.
Es ist ein richtiges Monatslied – (in dieser Form) das einzige in
unserem Gesangbuch. Die Schönheit des Frühlings-Monats Mai
bestimmt die ersten beiden Strophen, unseren „geistlichen" Frühling die Strophen 3 und 4. Lust und Freude prägen die Wahrnehmung, „dass alles grünt und blüht". Später im Lied geht es dann
um die „Lust an Gottes Wort".

Von Lob und Dank ist in der zweiten Strophe die Rede, auch
von der Bitte: Gott, lass die Früchte wachsen, lass sie „ersprießlich sein". Und: Bewahre uns vor allem, was die Früchte, was das
Wachstum zerstört.

In der vierten Strophe dann geht es um den Wachstum im Glauben, darum, „im Geist fruchtbar zu sein." Lass meine Glaubensfrüchte wachsen. Bewahre sie – so wie du die Früchte der Natur
bewahren mögest.

Die schwungvoll-tänzerische Melodie macht nicht nur Lust zu
singen, sondern will uns und die ganze Schöpfung in den wei-
ten Horizont der Liebe Gottes stellen. Das geistliche Lied hat
übrigens ein viel „zukunftsträchtigeres Ende" als das Liebeslied.
Denn in der letzten Strophe antwortet die Angebetete:
„Junger Gsell, lass doch dein Werben, du erlangtest meiner nicht!
Wöllest du gleich darum sterben, es ist vergebens gewiss.
Du hast mich lieb im Herzen? Da weiß ich wenig nur.
Fürwahr, es ist kein Scherzen: Lass ab, es ist umsonst!"

Schade, dass dieses Lied nur im
Mai gesungen wird. Vielleicht sind
auch deshalb im letzten Jahrhundert zwei neue Texte zu der Melodie entstanden: Das Sommerlied
von Detlev Block „Nun steht in
Laub und Blüte" und der Lobgesang zu Psalm 104 von Martha
Müller-Zitzke „Auf Seele, Gott zu
loben".
Es können noch viel mehr Lieder
auf diese wunderschöne Liebes-
lied-Melodie gesungen werden
– 38 davon stehen in unserem
Gesangbuch[23], z.B. „Befiehl du
deine Wege" (EG 361), „Du meine
Seele, singe" (EG 302), „Er weckt
mich alle Morgen" (EG 452), „Gott
wohnt in einem Lichte" (EG 379),
„Lob Gott getrost mit Singen" (EG
243) oder „Wie soll ich dich empfangen" (EG 11).

Da singen wir doch lieber „unser" geistliches Lied zu Ende, oder? So beginnt der Jurist Johann Steurlein aus Meiningen in Thüringen sein Liebeslied.

Wie lieblich ist der Maien

Wie lieblich ist der Maien
aus lauter Gottesgüt,
des sich die Menschen freuen,
weil alles grünt und blüht.
Die Tier sieht man jetzt springen
mit Lust auf grüner Weid,
die Vöglein hört man singen,
die loben Gott mit Freud.

Herr, dir sei Lob und Ehre
für solche Gaben dein!
Die Blüt zur Frucht vermehre,
lass sie ersprießlich sein.
Es steht in deinen Händen,
dein Macht und Güt ist groß;
drum wollst du von uns wenden
Mehltau, Frost, Reif und Schloß'.

Herr, lass die Sonne blicken
ins finstre Herze mein,
damit sich's möge schicken,
fröhlich im Geist zu sein,
die größte Lust zu haben
allein an deinem Wort,
das mich im Kreuz kann laben
und weist des Himmels Pfort.

Mein Arbeit hilf vollbringen
zu Lob dem Namen dein
und lass mir wohl gelingen,
im Geist fruchtbar zu sein;
die Blümlein lass aufgehen
von Tugend mancherlei,
damit ich mög bestehen
und nicht verwerflich sei.

Text: Martin Behm (1604)
Melodie: Johann Steurlein (1575; geistlich Nürnberg 1581)

4

Auf, Seele, Gott zu loben.
Gar herrlich steht sein Haus!
Er spannt den Himmel droben
gleich einem Teppich aus.
Er fährt auf Wolkenwagen,
und Flammen sind sein Kleid.
Windfittiche ihn tragen,
zu Diensten ihm bereit.

Gott hat das Licht entzündet,
er schuf des Himmels Heer.
Das Erdreich ward gegründet,
gesondert Berg und Meer.
Die kühlen Brunnen quellen
im jauchzend grünen Grund,
die klaren Wasser schnellen
aus Schlucht und Bergesgrund.

Vom Tau die Gräser blinken,
im Wald die Quelle quillt,
daraus die Tiere trinken,
die Vögel und das Wild.
Die Vögel in den Zweigen
lobsingen ihm in Ruh,
und alle Bäume neigen
ihm ihre Früchte zu.

Gott lässet Saaten werden
zur Nahrung Mensch und Vieh.
Er bringet aus der Erden
das Brot und sättigt sie.
Er sparet nicht an Güte,
die Herzen zu erfreun.
Er schenkt die Zeit der Blüte,
gibt Früchte, Öl und Wein.

Der Wald hat ihn erschauet
und steht in Schmuck und Zier.
Gott hat den Berg gebauet
zur Zuflucht dem Getier.
Das Jahr danach zu teilen,
hat er den Mond gemacht.
Er lässt die Sonne eilen
und gibt den Trost der Nacht.

Den Menschen heißt am Morgen
er an das Tagwerk gehn,
lässt ihn in Plag und Sorgen
das Werk der Allmacht sehn.
Er ist der treue Hüter,
wacht über Meer und Land,
die Erd ist voll der Güter
und Gaben seiner Hand.

Lass dir das Lied gefallen.
Mein Herz in Freuden steht.
Dein Loblied soll erschallen,
solang mein Odem geht.
Du tilgst des Sünders Fehle
und bist mit Gnade nah.
Lob Gott, o meine Seele,
sing ihm Halleluja.

Text: Martha Müller-Zitzke
(1947 – nach Psalm 104)
EG 602 (Anhang Württemberg)

Noch ein neuer Liedtext:

Nun steht in Laub und Blüte,
Gott Schöpfer, deine Welt.
Hab Dank für alle Güte,
die uns die Treue hält.
Tief unten und hoch oben
ist Sommer weit und breit.
Wir freuen uns und loben
die schöne Jahreszeit.

Die Sonne, die wir brauchen,
schenkst du uns unverdient.
In Duft und Farben tauchen
will sich das Land und grünt.
Mit neuerweckten Sinnen
sehn wir der Schöpfung Lauf.
Da draußen und da drinnen,
da atmet alles auf.

Wir leben, Herr, noch immer
vom Segen der Natur.
Licht, Luft und Blütenschimmer
sind deiner Hände Spur.
Wer Augen hat, zu sehen,
ein Herz, das staunen kann,
der muss in Ehrfurcht stehen
und betet mit uns an.

Wir wollen gut verwalten,
was Gott uns anvertraut,
verantwortlich gestalten,
was unsre Zukunft baut.
Herr, lass uns nur nicht fallen
in Blindheit und Gericht.
Erhalte uns und allen
des Lebens Gleichgewicht.

Der Sommer spannt die Segel
und schmückt sich dem zum Lob,
der Lilienfeld und Vögel
zu Gleichnissen erhob.
Der Botschaft hingegeben
stimmt fröhlich mit uns ein:
Wie schön ist es, zu leben
und Gottes Kind zu sein!

Text: Detlev Block (1978)
(EG 641/Anhang Niedersachsen)

Die güldene Sonne bringt Leben und Wonne

(EG 444)

„Die güldene Sonne bringt Leben und Wonne, vorbei ist die Nacht. Ich kriech aus den Decken, gieß Wasser ins Becken. Dann Frühstück gemacht.
Ich atme die Kühle. Wie wohl ich mich fühle! Der Duft von Kaffee. Ich lasse mir schmecken die leckeren Wecken mit Apfelgelee."

Der ostdeutsche Liedermacher Gerhard Schöne schreibt in den achtziger Jahren des vorigen Jahrhunderts diese sinnlichen Zeilen, deren Bilder wie in einen Film an uns vorbeiziehen – die Düfte inklusive.
Das Original ist gut 300 Jahre älter. Johann Georg Ahle ist Kantor an St. Blasien im thüringischen Mühlhausen – übrigens unmittelbar vor Johann Sebastian Bach.
Der Textdichter Philipp von Zesen studiert in Wittenberg, später ist er Schriftsteller und Verleger in Holland.

„Die güldne Sonne" strahlt als zentrales Motiv auf das ganze Lied – bis in unsere Herzen. Wo sie scheint, leben wir auf. Ihre Energie ist unermesslich. Sie ist ein Bild für Gott – für seine Wärme, seine Liebe.
Der Dank für den neuen Tag, für das Licht nach dem Dunkel, die Bewahrung in der Nacht, im Dunkel vor allem Bösen, und die Bitte um gute Gedanken für den Tag, dass Gott uns beisteht und durch den Tag leite – das drückt auch die froh-machende Melodie aus. So kann der Tag beginnen.

5

Die güldene Sonne bringt Leben und Wonne

Die güldene Sonne
bringt Leben und Wonne,
die Finsternis weicht.
Der Morgen sich zeiget,
die Röte aufsteiget,
der Monde verbleicht.

Nun sollen wir loben
den Höchsten dort oben,
dass er uns die Nacht
hat wollen behüten
vor Schrecken und Wüten
der höllischen Macht.

Kommt, lasset uns singen,
die Stimmen erschwingen,
zu danken dem Herrn.
Ei bittet und flehet,
dass er uns beistehet
und weiche nicht fern.

In meinem Studieren
wird er mich wohl führen
und bleiben bei mir,
wird schärfen die Sinnen
zu meinem Beginnen
und öffnen die Tür.

Text: Philipp von Zesen (1641)
Melodie: Johann Georg Ahle (1671)

Es sei ihm gegeben
mein Leben und Streben,
mein Gehen und Stehn.
Er gebe mir Gaben
zu meinem Vorhaben,
lass richtig mich gehn.

Die güldene Sonne bringt Leben und Wonne,
vorbei ist die Nacht.
Ich kriech aus den Decken, gieß Wasser ins Becken.
Dann Frühstück gemacht.

Ich atme die Kühle. Wie wohl ich mich fühle!
Der Duft von Kaffee.
Ich lasse mir schmecken die leckeren Wecken
mit Apfelgelee.

Wie oft lag am Morgen ein Berg voller Sorgen
wie Blei auf der Brust.
Nichts wollte gelingen. Mir fehlte zum Singen
und Leben die Lust.

Hab tränenverschwommen kein Licht wahrgenommen,
doch die Sonne stand da.
Gott ließ aus den Pfützen die Strahlen aufblitzen
und war mir ganz nah.

Ach wenn ich doch sähe das Licht in der Nähe
jeden Augenblick.
So steh ich mitunter wie blind vor dem Wunder,
dem täglichen Glück.

Die güldene Sonne bringt Leben und Wonne.
Ich bin übern Berg.
Nun will ich beginnen mit hellwachen Sinnen
mein heutiges Werk.

Text: Gerhard Schöne (1991)

Bei Ausbruch des 30-jährigen Krieges ist Paul Gerhardt (1607–1676) 11 Jahre alt. Mit 12 Jahren verliert er den Vater, mit 14 die Mutter. Später wird er vier seiner fünf Kinder und nach nur 13 Ehejahren seine geliebte Frau Anna Maria zu Grabe tragen. Dennoch: Nicht Klage, sondern tiefes Gottvertrauen ist der Grundton in seinen Liedern. Immer wieder finden sich darin Töne einer fröhlichen Dankbarkeit.

Als ob Paul Gerhardt gegen die äußere Wirklichkeit anschreiben will, findet er die Worte: „Nun danket all und bringet Ehr …" oder „Geh aus, mein Herz, und suche Freud …".

Sein Glaube ist unerschütterlich: Diese geschundene Welt ist keine *Gott-lose* Welt. Sie ist und bleibt unter allen Umständen Gottes gute Schöpfung. Ja – das Land ist verwüstet; die Bevölkerung, sofern sie es überlebt hat, entwurzelt; Not und Elend, wohin das Auge blickt. Und dennoch: „Ich singe dir mit Herz und Mund …"

Vielleicht ist dieses Lied das eindrücklichste Beispiel dafür, dass schwierige Zeiten einfache Lieder brauchen, um Menschen wieder Boden unter die Füße zu geben. Schon der Anfang der 1. Strophe ist eine klare Botschaft: „Ich singe dir mir Herz und Mund, Herr, meines Herzens Lust". Die Beziehung zwischen Gott und Mensch ist nicht Kopf-, sondern *Herzenssache*. Sie ist etwas Sinnliches, Lustvolles. Das ist ja der Grund, warum sie auch da noch Widrigkeiten standhalten kann, wo der Verstand schon längst aufgegeben hat. Wer diese Erfahrung „auf Erden kundmachen" will, kann dies nicht anders, als dass er sich selbst über Herz und Mund zum Klingen bringt.

Über 18 Strophen klingt es in Paul Gerhardt. Eine ganze Schöpfungstheologie breitet er darin aus, die aber immer wieder auf ihren Kern zurückkommt: Das Ich des Menschen hat in Gott ein Du. Da kann es kein Halten geben: „Wohlauf, mein Herze, sing und spring und habe guten Mut! Dein Gott, der Ursprung aller Ding, ist selbst und bleibt dein Gut."

Ich singe dir mit Herz und Mund

(EG 324)

Wie so viele andere Lieder ist auch „Ich singe dir mit Herz und Mund" das Ergebnis der freundschaftlichen Zusammenarbeit zwischen Paul Gerhardt und dem in Berlin an St. Nikolai wirkenden Kantor Johann Crüger. Er hat die Melodie schon für das 1647 entstandene „Nun danket all und bringet Ehr" komponiert.

In einem Schulbucheintrag der Fürstenschule Grimma heißt es 1625 über den damals 18-jährigen Paul Gerhardt: „Er ist von nicht geringer Begabung, beweist Fleiß und Gehorsam. Sein Stil kann zum größten Teil erträglich genannt werden. Er versteht es, erträglich Verslein zu schreiben." Die Erklärung für dieses aus heutiger Sicht eigenartige Urteil der Lehrerschaft über den späteren bedeutenden Lieddichter liefert ein früherer Eintrag: „Bei seiner schriftlichen Arbeit wird, wie in den meisten übrigen, die Bemühung um Nachahmung (der antiken Vorbilder in der Dichtung) vermißt.." [24]

6

Ich singe dir mit Herz und Mund

Ich singe dir mit Herz und Mund,
Herr, meines Herzens Lust;
ich sing und mach auf Erden kund,
was mir von dir bewusst.

Ich weiß, dass du der Brunn der Gnad
und ewge Quelle bist,
daraus uns allen früh und spat
viel Heil und Gutes fließt.

Was sind wir doch? Was haben wir
auf dieser ganzen Erd,
das uns, o Vater, nicht von dir
allein gegeben werd?

Wer hat das schöne Himmelszelt
hoch über uns gesetzt?
Wer ist es, der uns unser Feld
mit Tau und Regen netzt?

Wer wärmet uns in Kält und Frost?
Wer schützt uns vor dem Wind?
Wer macht es, dass man Öl und Most
zu seinen Zeiten find't?

Wer gibt uns Leben und Geblüt?
Wer hält mit seiner Hand
den güldnen, werten, edlen Fried
in unserm Vaterland?

Ach Herr, mein Gott, das kommt von dir,
du, du musst alles tun,
du hältst die Wach an unsrer Tür
und lässt uns sicher ruhn.

Du nährest uns von Jahr zu Jahr,
bleibst immer fromm und treu
und stehst uns, wenn wir in Gefahr
geraten, treulich bei.

Du strafst uns Sünder mit Geduld
und schlägst nicht allzu sehr,
ja endlich nimmst du unsre Schuld
und wirfst sie in das Meer.

Wenn unser Herze seufzt und schreit,
wirst du gar leicht erweicht
und gibst uns, was uns hoch erfreut
und dir zur Ehr gereicht.

Du zählst, wie oft ein Christe wein
und was sein Kummer sei;
kein Zähr- und Tränlein ist so klein,
du hebst und legst es bei.

Du füllst des Lebens Mangel aus
mit dem, was ewig steht,
und führst uns in des Himmels Haus,
wenn uns die Erd entgeht.

Wohlauf, mein Herze, sing und spring
und habe guten Mut!
Dein Gott, der Ursprung aller Ding,
ist selbst und bleibt dein Gut.

Er ist dein Schatz, dein Erb und Teil,
dein Glanz und Freudenlicht,
dein Schirm und Schild, dein Hilf und Heil,
schafft Rat und lässt dich nicht.

Was kränkst du dich in deinem Sinn
und grämst dich Tag und Nacht?
Nimm deine Sorg und wirf sie hin
auf den, der dich gemacht.

Hat er dich nicht von Jugend auf
versorget und ernährt?
Wie manches schweren Unglücks Lauf
hat er zurückgekehrt!

Er hat noch niemals was versehn
in seinem Regiment,
nein, was er tut und lässt geschehn,
das nimmt ein gutes End.

Ei nun, so lass ihn ferner tun
und red ihm nicht darein,
so wirst du hier im Frieden ruhn
und ewig fröhlich sein.

Text: Paul Gerhardt (1653), Melodie: Johann Crüger (1653)

Befiehl du deine Wege

(EG 361/GL 418)

Paul Gerhardt (1607–1676) wirft als Liederdichter einen ebenso großen Schatten wie Martin Luther. 131 Liedertexte hat er seiner Kirche hinterlassen. Als „Befiehl du deine Wege" 1653 Aufnahme in das von Johann Crüger herausgegebene Gesangbuch findet, liegt ihm eine Melodie von Bartholomäus Gesius zugrunde („Lobet Gott unsern Herren"/1603). Die heutige musikalische Gestalt geht auf Georg Philipp Telemann zurück (1730). Johann Sebastian Bach hat in seiner Matthäuspassion BWV 244 (Choral Nr. 53) den Text mit seiner Bearbeitung des Chorals „O Haupt voll Blut und Wunden" unterlegt. Auf kunstvolle Weise nimmt Paul Gerhardt in seinem Lied Psalm 37, 5 auf. Das erste Wort einer jeden Strophe hintereinander gelesen (sog. „Akrostichon") ergibt den Vers: „Befiehl dem Herren deine Wege und hoffe auf ihn; er wird's wohl machen."

Woher komme ich? Wohin gehe ich? Wer so fragt, will in der Regel nicht einfach nur von A nach B. Es sind Lebensfragen, die aus der Tiefe der menschlichen Existenz kommen: Was ist der Urgrund meines Lebens? Was ist sein letztes Ziel? Und wer oder was führt mich dahin?

Paul Gerhardt beantwortet diese Fragen so: Vertraue dich und deinen Lebensweg dem an, bei dem Anfang und Ende liegen. Er entfaltet diese Antwort in seinem Lied „Befiehl du deine Wege" über 12 Strophen, als wollte er damit sagen: Ein Lebensweg ist kein Spaziergang.

Paul Gerhardt bleibt in dem Lied ganz in der Sprache und der Glaubenswelt der alttestamentlichen Psalmen, wenn er das Handeln des Schöpfer- und Vatergottes beschreibt – und kommt ohne Christus-Bezug aus.

Dass das Lied zu allen Zeiten als spürbar tröstend und stärkend empfunden wurde und wird, kommt nicht von ungefähr. Es ist die seelsorgerliche Nähe, die ihm Glaubwürdigkeit verleiht. Paul Gerhardt gelingt es, mit seinem Ansprechpartner in eine persönliche Beziehung einzutreten. Er begibt sich auf Augenhöhe mit einem *Du*, das so wie er unterwegs ist. Diesem *Du* will er das mit auf den Weg geben, was ihm selbst schon Richtung und Ziel gegeben hat: „Dem Herren musst du trauen …"

Das selbstbewusst vorgetragene reformatorische Bekenntnislied ist Paul Gerhardts Sache nicht. Seine Lieder haben ihren eher leisen Ausgangspunkt in der Frömmigkeit des Einzelnen. An die Stelle des *Wir* tritt das *Ich*, an die Stelle von Glaubensstärke die Sehnsucht nach Gottesnähe und Annahme.

Wohl deshalb finden sich Menschen in „Befiehl du deine Wege" immer noch wieder. Das Lied nimmt ihre Lebensfragen auf und gibt eine Antwort, die im besten Sinne des Wortes weiterführend ist: „Der Wolken, Luft und Winden gibt Wege, Lauf und Bahn, der wird auch Wege finden, da dein Fuß gehen kann."

7

Befiehl du deine Wege

Befiehl du deine Wege
und was dein Herze kränkt
der allertreusten Pflege
des, der den Himmel lenkt.
Der Wolken, Luft und Winden
gibt Wege, Lauf und Bahn,
der wird auch Wege finden,
da dein Fuß gehen kann.

Dem Herren musst du trauen,
wenn dir's soll wohlergehn;
auf sein Werk musst du schauen,
wenn dein Werk soll bestehn.
Mit Sorgen und mit Grämen
und mit selbsteigner Pein
lässt Gott sich gar nichts nehmen,
es muss erbeten sein.

Dein ewge Treu und Gnade,
o Vater, weiß und sieht,
was gut sei oder schade
dem sterblichen Geblüt;
und was du dann erlesen,
das treibst du, starker Held,
und bringst zum Stand und Wesen,
was deinem Rat gefällt.

Weg hast du allerwegen,
an Mitteln fehlt dir's nicht;
dein Tun ist lauter Segen,
dein Gang ist lauter Licht;
dein Werk kann niemand hindern,
dein Arbeit darf nicht ruhn,
wenn du, was deinen Kindern
ersprießlich ist, willst tun.

Und ob gleich alle Teufel
hier wollten widerstehn,
so wird doch ohne Zweifel
Gott nicht zurücke gehn;
was er sich vorgenommen
und was er haben will,
das muss doch endlich kommen
zu seinem Zweck und Ziel.

Hoff, o du arme Seele,
hoff und sei unverzagt!
Gott wird dich aus der Höhle,
da dich der Kummer plagt,
mit großen Gnaden rücken;
erwarte nur die Zeit,
so wirst du schon erblicken
die Sonn der schönsten Freud.

Auf, auf, gib deinem Schmerze
und Sorgen gute Nacht,
lass fahren, was das Herze
betrübt und traurig macht;
bist du doch nicht Regente,
der alles führen soll,
Gott sitzt im Regimente
und führet alles wohl.

Ihn, ihn lass tun und walten,
er ist ein weiser Fürst
und wird sich so verhalten,
dass du dich wundern wirst,
wenn er, wie ihm gebühret,
mit wunderbarem Rat
das Werk hinausgeführet,
das dich bekümmert hat.

Er wird zwar eine Weile
mit seinem Trost verziehn
und tun an seinem Teile,
als hätt in seinem Sinn
er deiner sich begeben
und sollt'st du für und für
in Angst und Nöten schweben,
als frag er nichts nach dir.

Wird's aber sich befinden,
dass du ihm treu verbleibst,
so wird er dich entbinden,
da du's am mindsten glaubst;
er wird dein Herze lösen
von der so schweren Last,
die du zu keinem Bösen
bisher getragen hast.

Wohl dir, du Kind der Treue,
du hast und trägst davon
mit Ruhm und Dankgeschreie
den Sieg und Ehrenkron;
Gott gibt dir selbst die Palmen
in deine rechte Hand,
und du singst Freudenpsalmen
dem, der dein Leid gewandt.

Mach End, o Herr, mach Ende
mit aller unsrer Not;
stärk unsre Füß und Hände
und lass bis in den Tod
uns allzeit deiner Pflege
und Treu empfohlen sein,
so gehen unsre Wege
gewiss zum Himmel ein.

Text: Paul Gerhardt (1653)
Melodie: Bartholomäus Gesius
(1603; bei Georg Philipp Telemann 1730)

Ein neuer Text in schwerer Zeit
zu einer alten Melodie:

Wie sollen wir es fassen,
was nicht zu fassen ist?
Es fällt schwer loszulassen,
und doch bleibt keine Frist.
Wir hätten so viel Fragen,
wir brauchten doch noch Zeit.
Wohin mit unsren Klagen
und unsrer Traurigkeit?

Das Leben ist verflogen,
der Tod trat ein mit Macht.
Das Lachen? Fortgezogen,
erstickt von tiefster Nacht.
In uns herrscht Leere, Schweigen.
Wir können nichts mehr tun.
Wozu dies tiefe Neigen?
Warum dies Sterben, nun?

Viel schneller, als wir ahnten,
zerriss des Himmels Blau.
Durchkreuzt ist, was wir planten.
Die Welt scheint kalt und grau.
Was sein wird? Wer kann's sagen?
O Gott, das Fragen quält.
Hilfst du, das Leid zu tragen?
Hast du Trost, der jetzt zählt?

Lass uns, Gott, nicht versinken,
der Schmerz ist übergroß.
Dort, wo wir stolpern, hinken,
halt uns und lass nicht los.
Lass uns darauf vertrauen,
dass du das Leben birgst.
Hilf uns, auf dich zu bauen,
auf Segen, den du wirkst.

Text: Eugen Eckert (2000)

Geh aus, mein Herz, und suche Freud

(EG 503/
GL 865/Anhang Hildesheim)

„Geh aus mein Herz und suche Freud..." ist ein „köstliches Sommerlied". Es kommt so fröhlich daher. So sommerlich frisch. Es beschreibt einen Spaziergang durch die Natur. Ich schaue sie mit den Augen meines Herzens an. Und „singe mit, wenn alles singt." Ich kann gar nicht anders, als mit der ganzen Schöpfung Gott loben.

Der Liedtext stammt von Paul Gerhardt. Er gilt als der wichtigste protestantische Lieddichter nach Martin Luther. Wenn man das Lied hört, könnte man glauben: Paul Gerhardt war ein glücklicher Mensch. In Wirklichkeit aber prägt der dreißigjährige Krieg sein Leben. Dörfer und Städte liegen in Schutt und Asche. Dem Kriegsgräuel folgt der schwarze Tod, die Pest. Paul Gerhardt muss geliebte Menschen gehen lassen – ein Leben lang. Schon als Kind verliert er seine Eltern. Vier seiner fünf Kinder muss er zu Grabe tragen, ebenso seine Frau.

Der Pastor und Barockdichter zieht sich oft zurück in seine „Schwermuthöhle", wie er es nannte. Aber sein Glaube gibt ihm Kraft und Hoffnung – über den Tod hinaus. Ein Gottesgeschenk, das Zuversicht ausstrahlt und froh macht.

Die Melodie stammt von einem „Vollblutmusiker": August Harder. Er war in Leipzig Sänger, Pianist, Gitarrist, Komponist und Schriftsteller. Eigentlich hatte er die Melodie für ein ganz anderes Lied geschrieben: „Die Luft ist blau, das Tal ist grün..." Zu dem Text „Geh aus mein Herz und suche Freud" gab es auch noch andere Melodien. Aber mit denen wurde niemand so richtig glücklich. Sie strahlten viel zu wenig die Fröhlichkeit des Textes aus.

So kam es dazu, dass ein wunderschöner Text „Geh aus mein Herz" und eine genauso schöne Melodie zueinander fanden. Das gibt es öfter. Auch im Gesangbuch. Ein fast normaler Prozess. Denn nichts ist doch schöner, als wenn ein Lied überall gern gesungen wird.

8

Geh aus, mein Herz, und suche Freud

Geh aus, mein Herz, und suche Freud
in dieser lieben Sommerzeit
an deines Gottes Gaben;
schau an der schönen Gärten Zier
und siehe, wie sie mir und dir
sich ausgeschmücket haben.

Die Bäume stehen voller Laub,
das Erdreich decket seinen Staub
mit einem grünen Kleide;
Narzissus und die Tulipan,
die ziehen sich viel schöner an
als Salomonis Seide.

Die Lerche schwingt sich in die Luft,
das Täublein fliegt aus seiner Kluft
und macht sich in die Wälder;
die hochbegabte Nachtigall
ergötzt und füllt mit ihrem Schall
Berg, Hügel, Tal und Felder.

Die Glucke führt ihr Völklein aus,
der Storch baut und bewohnt sein Haus,
das Schwälblein speist die Jungen,
der schnelle Hirsch, das leichte Reh
ist froh und kommt aus seiner Höh
ins tiefe Gras gesprungen.

Die Bächlein rauschen in dem Sand
und malen sich an ihrem Rand
mit schattenreichen Myrten;
die Wiesen liegen hart dabei
und klingen ganz vom Lustgeschrei
der Schaf und ihrer Hirten.

Die unverdrossne Bienenschar
fliegt hin und her, sucht hier und da
ihr edle Honigspeise;
des süßen Weinstocks starker Saft
bringt täglich neue Stärk und Kraft
in seinem schwachen Reise.

Der Weizen wächset mit Gewalt;
darüber jauchzet jung und alt
und rühmt die große Güte
des, der so überfließend labt
und mit so manchem Gut begabt
das menschliche Gemüte.

Ich selber kann und mag nicht ruhn,
des großen Gottes großes Tun
erweckt mir alle Sinnen;
ich singe mit, wenn alles singt,
und lasse, was dem Höchsten klingt,
aus meinem Herzen rinnen.

Ach, denk ich, bist du hier so schön
und lässt du's uns so lieblich gehn
auf dieser armen Erden:
Was will doch wohl nach dieser Welt
dort in dem reichen Himmelszelt
und güldnen Schlosse werden.

Welch hohe Lust, welch heller Schein
wird wohl in Christi Garten sein!
Wie muss es da wohl klingen,
da so viel tausend Seraphim
mit unverdrossnem Mund und Stimm
ihr Halleluja singen.

O wär ich da! O stünd ich schon,
ach süßer Gott, vor deinem Thron
und trüge meine Palmen:
So wollt ich nach der Engel Weis
erhöhen deines Namens Preis
mit tausend schönen Psalmen.

Doch gleichwohl will ich, weil ich noch
hier trage dieses Leibes Joch,
auch nicht gar stille schweigen;
mein Herze soll sich fort und fort
an diesem und an allem Ort
zu deinem Lobe neigen.

Hilf mir und segne meinen Geist
mit Segen, der vom Himmel fleußt,
dass ich dir stetig blühe;
gib, dass der Sommer deiner Gnad
in meiner Seele früh und spat
viel Glaubensfrüchte ziehe.

Mach in mir deinem Geiste Raum,
dass ich dir werd ein guter Baum,
und lass mich Wurzel treiben.
Verleihe, dass zu deinem Ruhm
ich deines Gartens schöne Blum
und Pflanze möge bleiben.

Erwähle mich zum Paradeis
und lass mich bis zur letzten Reis
an Leib und Seele grünen,
so will ich dir und deiner Ehr
allein und sonsten keinem mehr
hier und dort ewig dienen.

Text: Paul Gerhardt (1653)
Melodie: August Harder (vor 1813)

Es ist Kirchentag in Ost-Berlin, 1987. Neben der Gethsemane-Kirche steht ein Podium.

Ein Liedermacher spielt: Gerhard Schöne. Auch alte Kirchenlieder sind dabei, die Gerhard Schöne in neue Worte gefasst hat. Er singt: „Jesu, meine Freude...“

Schon bei der ersten Strophe brandet Beifall auf. Dieses neu übertragene Kirchenlied spricht den Menschen aus der Seele.

Der Beifall wird noch größer, als Gerhard Schöne weitersingt: *„Du warst eingemauert. Du hast überdauert Lager, Bann und Haft. Bist nicht totzukriegen. Niemand kann besiegen deiner Liebe Kraft.“*

Ein Liebeslied für die Freiheit, die Jesus schenkt.

Zwei Jahre später ist sie da, die Freiheit. Die Mauer fällt.

350 Jahre früher. Christoph Kaldenbach ist Student in Königsberg. Eines Tages schreibt er ein Liebeslied für seine Freundin.

Die heißt Flora: *„Flora, meine Freude, meiner Seelen Weide, meine ganze Ruh. Was mich so verzücket und den Geist bestricket, Flora, das bist du.“*

Das Liebeslied kommt damals in dem „Gartenlauben-Club“ gut an. Auch bei Heinrich Albert. Er gehört zu dem Dichterkreis. Hat z.B. das Lied „Ännchen von Tharau“ geschrieben. Albert ist Organist am Königsberger Dom.

„Wunderschön, dieses Lied“, denkt er. Ich werde es in meiner nächsten Liedersammlung veröffentlichen.

Auf diese Weise stößt Johann Franck auf das Lied. Er studiert in Königsberg und nimmt es später mit in seine Heimat, nach Guben in der Niederlausitz. Guben hat stark unter dem 30jährigen Krieg zu leiden. Überall werden Städte und Dörfer belagert, geplündert und abgebrannt. Franck summt das Liebeslied wieder und wieder – mitten in der düsteren Zeit. Gerne möchte er es mit anderen singen. Aber so ein Liebeslied in dieser ernsten Lage – er hat das Gefühl: das geht nicht.

Er beschließt: „Ich dichte es um. Es soll ein Liebeslied für Jesus werden. Wenn wir uns an ihm orientieren, dann werden wir befreit von dem, was uns hier so sehr belastet." Er fängt an zu schreiben. Lässt viele Worte genauso stehen wie er sie vorgefunden hat. Als er fertig ist, liest er zufrieden den Text:

„Jesu, meine Freude, meines Herzens Weide, Jesu, meine Zier. Ach, wie lang, ach lange ist dem Herzen bange und verlangt nach dir. Gottes Lamm, mein Bräutigam, außer dir soll mir auf Erden nichts sonst liebers werden."

Eines ist bei allen „Versionen" gleich geblieben:

Es ist ein Liebeslied.

Ein Liebeslied für einen Menschen.

Ein Liebeslied für die Freiheit. Ein Liebeslied für Jesus.

Ein Lied, das ausdrückt:

Ich bin erfüllt von der Liebe. Sie bewegt mich.

Sie verändert mich. Sie macht mich frei.

Für sie will ich singen.

In der Gartenlaube. Und in der Kirche.

Jesu, meine Freude

Jesu, meine Freude,
meines Herzens Weide,
Jesu, meine Zier:
Ach, wie lang, ach lange
ist dem Herzen bange
und verlangt nach dir!
Gottes Lamm, mein Bräutigam,
außer dir soll mir auf Erden
nichts sonst liebers werden.

Unter deinen Schirmen
bin ich vor den Stürmen
aller Feinde frei.
Lass den Satan wettern,
lass die Welt erzittern,
mir steht Jesus bei.
Ob es jetzt gleich kracht und blitzt,
ob gleich Sünd und Hölle schrecken,
Jesus will mich decken.

Trotz dem alten Drachen,
Trotz dem Todesrachen,
Trotz der Furcht dazu!
Tobe, Welt, und springe;
ich steh hier und singe
in gar sichrer Ruh.
Gottes Macht hält mich in Acht,
Erd und Abgrund muss verstummen,
ob sie noch so brummen.

Weg mit allen Schätzen;
du bist mein Ergötzen,
Jesu, meine Lust.
Weg, ihr eitlen Ehren,
ich mag euch nicht hören,
bleibt mir unbewusst!
Elend, Not, Kreuz, Schmach und Tod
soll mich, ob ich viel muss leiden,
nicht von Jesus scheiden.

Gute Nacht, o Wesen,
das die Welt erlesen,
mir gefällst du nicht.
Gute Nacht, ihr Sünden,
bleibet weit dahinten,
kommt nicht mehr ans Licht!
Gute Nacht, du Stolz und Pracht;
dir sei ganz, du Lasterleben,
gute Nacht gegeben.

Weicht, ihr Trauergeister,
denn mein Freudenmeister,
Jesus, tritt herein.
Denen, die Gott lieben,
muss auch ihr Betrüben
lauter Freude sein.
Duld ich schon hier Spott und Hohn,
dennoch bleibst du auch im Leide,
Jesu, meine Freude.

Johann Franck (1653), Johann Crüger (1653)

Flora, meine Freude,
meiner Seelen Weide,
meine ganze Ruh.
Was mich so verzücket
und den Geist bestricket,
Flora, das bist du.
Deine Pracht
glänzt Tag und Nacht
mir für Augen und im Herzen
zwischen Trost und Schmerzen.

Deine lieben Wangen
halten mich gefangen
wie dein Augenlicht –
Und dein Ruhm der Sitten
hatt mein Herz bestritten,
dass es fast zerbricht.
Dieser Mund
macht mich so wund,
dass mich nichts
ohn deine Gaben
sonsten weiß zu laben.

Die begabten Sinnen
unsrer Schäferinnen
rühmen selbst die Pracht,
singen von den Plagen,
die ich muss ertragen,
die mir Amor macht.
Herz und Sinn
und was ich bin
hat sich dir bei solchen Wunden
ganz und gar verbunden.

Nun du wirst es zeugen:
Ich bin schon dein Eigen.
Du hast mich gestillt.
Du sollst mich erhalten,
bis ich werd erkalten –
himmelwertes Bild.
Du bist mir
schon für und für,
ob ich noch so heftig leide,
Flora, meine Freude.

Christoph Kaldenbach (um 1615)

Jesu, meine Freude,
meines Herzens Weide,
Jesu, wahrer Gott.
Wer will dich schon hören?
Deine Worte stören
den gewohnten Trott.
Du gefährdest Sicherheit.
Du bist Sand im Weltgetriebe.
Du, mit deiner Liebe.

Du warst eingemauert.
Du hast überdauert
Lager, Bann und Haft.
Bist nicht totzukriegen.
Niemand kann besiegen
deiner Liebe Kraft.
Wer dich foltert und erschlägt,
hofft auf deinen Tod vergebens,
Samenkorn des Lebens.

Jesus, Freund der Armen.
Groß ist dein Erbarmen
mit der kranken Welt.
Herrscher gehen unter.
Träumer werden munter,
die dein Wort erhält.
Und wenn ich ganz unten bin,
weiß ich dich an meiner Seite.
Jesu, meine Freude.

Gerhard Schöne (1987)

Lobe den Herren, den mächtigen König der Ehren

(EG 316/GL 392)

Er geht gern in die Natur, der junge Rektor der Lateinschule in Düsseldorf. Immer die Düssel hinauf in das verwunschene Tal, das später Neandertal genannt wird – nach dem Fund des „Neandertalers".

Besonders gern hält er sich dort in einer versteckten Höhle auf. Dort schreibt Joachim Neander (Neumann) als 25-jähriger auch das Lied, das ihn später so berühmt machen sollte.

Die Melodie stammt von einem Studentenlied: *„Hast du denn, Liebster, dein Angesicht gänzlich verborgen?"* Die letzte Zeile wiederholt die Melodie – genauso, wie Neander es in dem Tal widerhallen hört.

Die Melodie lebt vom Walzertakt. Gesungen wird sie wie ein Menuett. Das ist ein alter französischer Volkstanz, der in der Barockzeit vielen Musikstücken als Vorbild dient.

In seinem Liedtext bleibt der reformierte Theologe bei dem, was in seiner Kirche eine zentrale Rolle spielt: der Gesang der Psalmen.

Vor allem Psalm 103 steht Pate für das Lied: *„Lobe den Herrn, meine Seele, und was in mir ist, seinen heiligen Namen!"* Umgeben vom Gesang der Vögel, vom Rauschen des Flusses, von steilen Felsen singt er sein Gotteslob: „Lobe den Herren, den mächtigen König der Ehren".

Gern feiert er mit Freunden Gottesdienst in dem wunderschönen Ambiente. Aber das ist umstritten. So umstritten, dass er seinen Job verliert.

Mit knapp 30 Jahren stirbt Neander verarmt in Bremen. Erst nach seinem Tod wird das Lied zum ersten Mal in eine Liedersammlung aufgenommen, *„zu lesen und zu singen auf Reisen, zu Haus oder bei Christen-Ergötzungen im Grünen"*. So steht es im Vorwort.

Sein Lied wird zum Schlager, zum Hit in der Kirche – über alle Konfessionen hinweg. Heute erklingt es in mehr als 30 Sprachen.

Lobe den Herren, den mächtigen König der Ehren

Lobe den Herren, den mächtigen König der Ehren,
lob ihn, o Seele, vereint mit den himmlischen Chören.
Kommet zuhauf,
Psalter und Harfe, wacht auf,
lasset den Lobgesang hören!

Lobe den Herren, der alles so herrlich regieret,
der dich auf Adelers Fittichen sicher geführet,
der dich erhält,
wie es dir selber gefällt;
hast du nicht dieses verspüret?

Lobe den Herren, der künstlich und fein dich bereitet,
der dir Gesundheit verliehen, dich freundlich geleitet.
In wieviel Not
hat nicht der gnädige Gott
über dir Flügel gebreitet!

Lobe den Herren, der sichtbar dein Leben gesegnet,
der aus dem Himmel mit Strömen der Liebe geregnet.
Denke daran,
was der Allmächtige kann,
der dir mit Liebe begegnet.

Lobe den Herren, was in mir ist, lobe den Namen.
Lob ihn mit allen, die seine Verheißung bekamen.
Er ist dein Licht,
Seele, vergiss es ja nicht.
Lob ihn in Ewigkeit. Amen.

Text: Joachim Neander (1680), Melodie: 17. Jh.; geistlich Stralsund (1665), Halle (1741)

Der Mond ist aufgegangen

(EG 482/GB 93)

Herbert Grönemeyer sang es in seinem Konzert – und auch Xavier Naidoo. „Der Mond ist aufgegangen" ist eines der bekanntesten und beliebtesten deutschen Volkslieder.

Populär ist das Lied von Anfang an: Kaum erschienen, nimmt es Gottfried Herder 1779 als einziges zeitgenössisches Lied in seine Volksliedesammlung auf, um „einen Wink zu geben, welches Inhalts die besten Volkslieder seyn und bleiben werden". Der Hamburger Pastorensohn und Redakteur Matthias Claudius liebt den „volkstümlichen Ton", er veröffentlicht u.a. immer wieder Gedichte.

Die Anregung für „Der Mond ist aufgegangen" findet Claudius in Paul Gerhardts Lied „Nun ruhen alle Wälder". Im Grunde schreibt er es weiter – im gleichen Versschema, mit den gleichen Themen. Er nutzt sogar einzelne Textpassagen.

Auch dem in Lüneburg aufgewachsenen Kapellmeister Johann Abraham Peter Schulz liegt die schlichte, volkstümliche Kunst am Herzen. U.a. gibt er eine mehrbändige für Klavier gesetzte Liedsammlung für die Hausmusik heraus. Schulz hat das Lied „Innsbruck, ich muss dich lassen" als Vorlage auf dem Schreibtisch liegen, als er „Der Mond ist aufgegangen" vertont. Denn sein größter Wunsch ist, eine ähnlich eindrückliche und trotzdem einfache Melodie zu schreiben.

Das Abschiedslied „Innsbruck, ich muss dich lassen" beeindruckte schon Johann Sebastian Bach. Er soll gesagt haben: „Für diese einzige Melodie würde ich mein bestes Werk hingeben, hätte ich sie erfunden." – Sie war die Melodie zum Lied „Nun ruhen alle Wälder" geworden.

Die leicht gefügten Worte von Claudius und die einfache meditative Melodie von Schulz entsprechen nicht nur in ihrer kunstvollen Schlichtheit einander, sie leben auch beide aus dem Atem der Sehnsucht nach einem erfüllten Leben, nach Heil. Und die Ruhe, die Text und Melodie ausstrahlen, will in uns hineingehen, damit wir gut durch die Nacht kommen.

Das Lied „Der Mond ist aufgegangen" lässt sich nicht nur auf die Melodie von „Nun ruhen alle Wälder" singen – und umgekehrt. Sondern es lässt sich auch verbinden mit dem Kanon „Herr, bleib bei uns, denn es will Abend werden". Zum Beispiel so: Alle singen den Kanon erst einstimmig, dann dreistimmig – und als „vierte Stimme" erklingt das Lied „Der Mond ist aufgegangen".

Übrigens hat kein geringerer als der katholische Komponist Max Reger, der von den „geistlichen Volksliedern" (O-Ton Reger) begeistert ist, das Lied als 4stimmigen Choral gesetzt.

9

Der Mond ist aufgegangen

Der Mond ist aufgegangen,
die goldnen Sternlein prangen
am Himmel hell und klar.
Der Wald steht schwarz und schweiget,
und aus den Wiesen steiget
der weiße Nebel wunderbar.

Wie ist die Welt so stille
und in der Dämmrung Hülle
so traulich und so hold
als eine stille Kammer,
wo ihr des Tages Jammer
verschlafen und vergessen sollt.

Seht ihr den Mond dort stehen?
Er ist nur halb zu sehen
und ist doch rund und schön.
So sind wohl manche Sachen,
die wir getrost belachen,
weil unsre Augen sie nicht sehn.

Wir stolzen Menschenkinder
sind eitel arme Sünder
und wissen gar nicht viel.
Wir spinnen Luftgespinste
und suchen viele Künste
und kommen weiter von dem Ziel.

Gott, lass dein Heil uns schauen,
auf nichts Vergänglichs trauen,
nicht Eitelkeit uns freun;
lass uns einfältig werden
und vor dir hier auf Erden
wie Kinder fromm und fröhlich sein.

Wollst endlich sonder Grämen
aus dieser Welt uns nehmen
durch einen sanften Tod;
und wenn du uns genommen,
lass uns in' Himmel kommen,
du unser Herr und unser Gott.

So legt euch denn, ihr Brüder,
in Gottes Namen nieder;
kalt ist der Abendhauch.
Verschon uns, Gott, mit Strafen
und lass uns ruhig schlafen.
Und unsern kranken Nachbarn auch!

Text: Matthias Claudius (1779)
Melodie: Johann Abraham Peter Schulz (1790)

Das Lied – eine Randbemerkung von
Matthias Claudius zu Paul Gerhardts Lied
„Nun ruhen alle Wälder":

Nun ruhen alle Wälder,
Vieh, Menschen, Städt und Felder,
es schläft die ganze Welt;
ihr aber, meine Sinnen,
auf, auf, ihr sollt beginnen,
was eurem Schöpfer wohlgefällt.

Wo bist du, Sonne, blieben?
Die Nacht hat dich vertrieben,
die Nacht, des Tages Feind.
Fahr hin; ein andre Sonne,
mein Jesus, meine Wonne,
gar hell in meinem Herzen scheint.

Der Tag ist nun vergangen,
die güldnen Sternlein prangen
am blauen Himmelssaal;
also werd ich auch stehen,
wenn mich wird heißen gehen
mein Gott aus diesem Jammertal.

Der Leib eilt nun zur Ruhe,
legt ab das Kleid und Schuhe,
das Bild der Sterblichkeit;
die zieh ich aus, dagegen
wird Christus mir anlegen
den Rock der Ehr und Herrlichkeit.

Das Haupt, die Füß und Hände
sind froh, dass nun zum Ende
die Arbeit kommen sei.
Herz, freu dich, du sollst werden
vom Elend dieser Erden
und von der Sünden Arbeit frei.

Nun geht, ihr matten Glieder,
geht hin und legt euch nieder,
der Betten ihr begehrt.
Es kommen Stund und Zeiten,
da man euch wird bereiten
zur Ruh ein Bettlein in der Erd.

Mein Augen stehn verdrossen,
im Nu sind sie geschlossen.
Wo bleibt dann Leib und Seel?
Nimm sie zu deinen Gnaden,
sei gut für allen Schaden,
du Aug und Wächter Israel'.

Breit aus die Flügel beide,
o Jesu, meine Freude,
und nimm dein Küchlein ein.
Will Satan mich verschlingen,
so lass die Englein singen:
„Dies Kind soll unverletzet sein."

Auch euch, ihr meine Lieben,
soll heute nicht betrüben
kein Unfall noch Gefahr.
Gott lass euch selig schlafen,
stell euch die güldnen Waffen
ums Bett und seiner Engel Schar.

Text: Paul Gerhardt (1647)
Melodie: Heinrich Isaac, Innsbruck,
ich muss dich lassen (um 1495)

Wir pflügen und wir streuen

(EG 508)

Im Jahr 1800 steht das Lied „wie vom Himmel gefallen" in einem hannoverschen Schulliederbuch. Komponist: unbekannt. Textdichter: auch unbekannt. Herausgeber: Superintendent Ludwig Hoppenstedt aus Stolzenau bei Loccum.

Später stellt sich heraus: Hoppenstedt hatte eine Erzählung gefunden. „Paul Erdmanns Fest" von Matthias Claudius. In der Erzählung geht es um das Jubiläum eines Bauern. 50 Jahre hatte er Haus und Hof bestellt. Freunde und Bekannte feiern ein Fest mit ihm. Dem ebenfalls anwesenden Edelmann, dem Herrn von Hochheim, wird ein Lied vorgetragen, das mit der Schöpfungsgeschichte beginnt und bei Paul Erdmann endet. Der Tenor: Nicht vom Edelmann, sondern „von Gott kommt alles her".

In der Schluss-Strophe singen seine Freunde dem Bauern zu: „...und er hat große Dinge an Nachbar Paul getan. Denn ärmlich und geringe trat Paul sein Erbe an. Er hat bewahrt vor Schaden, hat reichlich ihn bedacht, hat heute ihm aus Gnaden ein Jubelei gemacht." Und die ganze Gesellschaft stimmt ein: „Alle gute Gabe..."

In der Erzählung heißt es weiter: „Der alte Paul saß sehr bewegt, und sah einen Nachbarn nach dem andern an: ‚Nachbarn, ich danke euch! Gott lasse einen jeden von euch diesen Tag auch erleben, und gebe ihm denn auch solche Nachbarn, als er mir gegeben hat.'"

Aus dieser Geschichte entsteht das heute so populäre Erntedanklied. Es verbindet die großen Dinge – Meer, Gestirne, Jahreszeiten – und die kleinen – den Strohhalm, den Sperling, die Sträucher, die Früchte. All das kommt von Gott, genauso wie die Grunderfahrungen des Menschen: Freude, Gesundheit, das tägliche Brot.

„Wir pflügen und wir streuen..." ist nicht nur ein Lied zum Erntedankfest, sondern es leitet uns dazu an, uns selbst und unsere Arbeit in einem besonderen Licht anzuschauen: „Soviel bekomme ich geschenkt – jeden Tag. Danke, Gott!"

10

Wir pflügen und wir streuen

Wir pflügen und wir streuen
den Samen auf das Land,
doch Wachstum und Gedeihen
steht in des Himmels Hand:
Der tut mit leisem Wehen
sich mild und heimlich auf
und träuft, wenn heim wir gehen,
Wuchs und Gedeihen drauf.

Alle gute Gabe kommt her von Gott
dem Herrn,
drum dankt ihm, dankt, drum dankt ihm,
dankt und hofft auf ihn!

Er sendet Tau und Regen
und Sonn- und Mondenschein,
er wickelt seinen Segen
gar zart und künstlich ein
und bringt ihn dann behände
in unser Feld und Brot:
Es geht durch unsre Hände,
kommt aber her von Gott.

Alle gute Gabe kommt her von Gott
dem Herrn,
drum dankt ihm, dankt, drum dankt ihm,
dankt und hofft auf ihn!

Was nah ist und was ferne,
von Gott kommt alles her,
der Strohhalm und die Sterne,
der Sperling und das Meer.
Von ihm sind Büsch und Blätter
und Korn und Obst von ihm,
das schöne Frühlingswetter
und Schnee und Ungestüm.

Alle gute Gabe kommt her von Gott
dem Herrn,
drum dankt ihm, dankt, drum dankt ihm,
dankt und hofft auf ihn!

Er lässt die Sonn aufgehen,
er stellt des Mondes Lauf;
er lässt die Winde wehen
und tut den Himmel auf.
Er schenkt uns so viel Freude,
er macht uns frisch und rot;
er gibt den Kühen Weide
und unsern Kindern Brot.

Alle gute Gabe kommt her von Gott
dem Herrn,
drum dankt ihm, dankt, drum dankt ihm,
dankt und hofft auf ihn!

Text: nach Matthias Claudius (1783)
Melodie: Hannover (1800)

Wir pflügen und wir streuen
den Samen auf das Land,
doch Wachstum und Gedeihen
steht in des Himmels Hand:
Der tut mit leisem Wehen
sich mild und heimlich auf
und träuft, wenn heim wir gehen,
Wuchs und Gedeihen drauf.

Alle gute Gabe kommt her von Gott
dem Herrn,
drum dankt ihm, dankt, drum dankt ihm,
dankt und hofft auf ihn!

Er sendet Tau und Regen
und Sonn- und Mondenschein,
er wickelt seinen Segen
gar zart und künstlich ein
und bringt ihn dann behände
in unser Feld und Brot:
es geht durch unsre Hände,
kommt aber her von Gott.

Alle gute Gabe kommt her von Gott
dem Herrn,
drum dankt ihm, dankt, drum dankt ihm,
dankt und hofft auf ihn!

Auch Autos und Maschinen,
die kommen her von Gott,
wenn sie dem Menschen dienen
und lindern Last und Not.
Fabriken und Behörden,
wenn menschlich sie gelenkt
und uns zur Hilfe werden,
sind uns von ihm geschenkt.

Alle gute Gabe kommt her von Gott
dem Herrn,
drum dankt ihm, dankt, drum dankt ihm,
dankt und hofft auf ihn!

Was nah ist und was ferne,
von Gott kommt alles her,
der Strohhalm und die Sterne,
der Sperling und das Meer.
Von ihm sind Büsch und Blätter
und Korn und Obst von ihm,
das schöne Frühlingswetter
und Schnee und Ungestüm.

Alle gute Gabe kommt her von Gott
dem Herrn,
drum dankt ihm, dankt, drum dankt ihm,
dankt und hofft auf ihn!

Geräte und Arzneien:
Dafür gab Gott Verstand,
zum Helfen und zum Heilen
im ganzen weiten Land
und viele andre Dinge,
die nützlich sind und gut;
er hilft, dass stets gelinge,
wenn jemand Gutes tut.

Alle gute Gabe kommt her von Gott
dem Herrn,
drum dankt ihm, dankt, drum dankt ihm,
dankt und hofft auf ihn!

Er lässt die Sonn aufgehen,
er stellt des Mondes Lauf;
er lässt die Winde wehen
und tut den Himmel auf.
Er schenkt uns so viel Freude,
er macht uns frisch und rot;
er gibt den Kühen Weide
und unsern Kindern Brot.

Alle gute Gabe kommt her von Gott
dem Herrn,
drum dankt ihm, dankt, drum dankt ihm,
dankt und hofft auf ihn!

Die Erde und ihr Leben,
die sind uns anvertraut.
Gott hat sie uns gegeben,
dass sie von uns bebaut,
dass sie von uns erhalten
für Kind und Kindeskind,
dass wir sie recht verwalten,
weil sie Geschenke sind.

Alle gute Gabe kommt her von Gott
dem Herrn,
drum dankt ihm, dankt, drum dankt ihm,
dankt und hofft auf ihn!

O du fröhliche

Ein Heiligabendgottesdienst ohne dieses Lied ist fast undenkbar. Dabei ist es ursprünglich gar kein Weihnachtslied. Die Fischer Siziliens sangen es, wenn sie aufs Meer fuhren: „O Sanctissima..."

Volksliedforscher Johann Gottfried Herder hört auf seiner Reise durch Sizilien den Fischern zu. „Eines der schönsten italienischen Volkslieder", schwärmt er.

Ein Freund von Herder, Johann Daniel Falk (1768–1826) aus Danzig, lebt inzwischen in Weimar als satirischer Schriftsteller – aber nicht nur. Zusammen mit seiner Frau Karoline nimmt er Straßenkinder bei sich auf und pflegt sie gesund, nachdem vier eigene Kinder an einer Seuche gestorben waren.

Ein Junge aus Italien singt Falk das Lied der Fischer vor. „Wunderbar", denkt Falk. Das Lied geht ihm nicht aus seinem Kopf. Es beginnt fieberhaft in ihm zu arbeiten. Im wahrsten Sinne des Wortes. Denn Falk ist krank.

So formt sich zu der Melodie der sizilianischen Fischer ein neuer Text:

„O du fröhliche, o du selige, gnadenbringende Weihnachtszeit! Welt ging verloren, Christ ist geboren: Freue, freue dich, o Christenheit!"

Doch Weihnachten steht nicht allein für das, was Gott uns schenkt. So dichtet er weiter:

„O du fröhliche, o du selige, gnadenbringende Osterzeit. Welt liegt in Banden, Christ ist erstanden. Freue, freue dich, o Christenheit!" – und:

„O du fröhliche, o du selige, gnadenbringende Pfingstenzeit! Christ, unser Meister, heilig die Geister: Freue, freue dich, o Christenheit."

Wie wir wissen, ist damit die Geschichte der Liedentstehung nicht zu Ende. Denn das Lied „O du fröhliche" singt sich ja so wunderbar. Und nur *eine* Weihnachtsstrophe – das ist ja auch ein bisschen wenig. So setzt sich Heinrich Holzschuher, ein Mitarbeiter Falks, 13 Jahre später hin, um die beiden Weih-

Johann Gottfried Herder prägt 1773 den Begriff Volkslied – in übersetzender Anlehnung an den englischen Begriff *popular song* – und bezeichnet damit die „leichte Sangbarkeit, die Herkunft aus dem Volk und die Anonymität", aber auch eine volksnahe Auffassung von lyrischer Dichtung generell.

Übrigens findet Johann Daniel Falk die Melodie, die ihm der italienische Junge vorgesungen hat, später in einem Volksliederbuch seines Freundes Herder wieder.

nachtsstrophen zu schreiben, die wir bis heute singen – neben der ersten Strophe von Johann Daniel Falk.

Die Oster- und die Pfingststrophe ist darüber dann in Vergessenheit geraten. Aber das muss ja nicht so bleiben.

O du fröhliche

O du fröhliche, o du selige,
gnadenbringende Weihnachtszeit!
Welt ging verloren, Christ ist geboren:
Freue, freue dich, o Christenheit!

O du fröhliche, o du selige,
gnadenbringende Weihnachtszeit!
Christ ist erschienen, uns zu versühnen:
Freue, freue dich, o Christenheit!

O du fröhliche, o du selige,
gnadenbringende Weihnachtszeit!
Himmlische Heere jauchzen dir Ehre:
Freue, freue dich, o Christenheit!

Text: Str. 1 Johannes Daniel Falk (1816);
Str. 2-3 Heinrich Holzschuher (1829)

Melodie: Sizilien vor 1788,
bei Johann Gottfried Herder (1807)

Der ursprüngliche Text von Johann Daniel Falk:

O du fröhliche, o du selige,
gnadenbringende Weihnachtszeit!
Welt ging verloren, Christ ist geboren:
Freue, freue dich, o Christenheit!

O du fröhliche, o du selige,
gnadenbringende Osterzeit.
Welt liegt in Banden, Christ ist erstanden.
Freue, freue dich, o Christenheit!

O du fröhliche, o du selige,
gnadenbringende Pfingstenzeit!
Christ, unser Meister, heiligt die Geister:
Freue, freue dich, o Christenheit.

Weißt du, wie viel Sternlein stehen?

(EG 511)

Seine gutmütige, fröhliche Art zieht Kinder an. „Ich habe es hier empfunden, daß ich ohne Kinder gar nicht sein kann", schreibt Wilhelm Hey ins Tagebuch – in seinem ersten Pfarrhaus in Töttelstedt. Das liegt in der Nähe von Gotha. Zu dieser Zeit ist er noch kinderlos. Aber durch seine Kinderliebe kommt er zum Dichten von Liedern, Fabeln, Kindergebeten.

Von einem Verleger wird er zur Veröffentlichung der Texte ermutigt. So bringt er zusammen mit dem Illustrator Otto Speckter 1833 ein Buch heraus. Zusammen mit dem zweiten Band, der fünf Jahre später erscheint, wird es zu *dem* deutschen Bilderbuch des 19. Jahrhunderts. Darin enthalten: „Alle Jahre wieder", „Wie fröhlich bin ich aufgewacht" – und „Weißt du, wie viel Sternlein stehen".

Die Melodie hatte ursprünglich einen anderen, aber ähnlichen Text:

„So viel Stern am Himmel stehen an dem blauen Himmelszelt,
so viel Schäflein, als da gehen in dem grünen, grünen Feld;
so viel Vöglein, als da fliegen, als da hin und wieder fliegen,
so viel mal seist du gegrüßt ..."

Wilhelm Hey übernimmt einige Motive aus dem Lied. Ihm geht es nicht um Belehrung, sondern viel mehr um „Gemütsbildung und emotionale Verinnerlichung eines christlich geprägten Welt- und Menschenbildes", schreibt er.

Auch die Melodie trägt bemerkenswerte Züge: Das Grundmotiv fällt nie auf den Grundton, das heißt: alles ist „schwebend". Und die Schlüsselfragen werden immer auf der Terz, dem dritten Ton, gestellt. So kommt es, dass die Melodie wie der Text Geborgenheit ausstrahlt.

11

Weißt du, wie viel Sternlein stehen?

Weißt du, wie viel Sternlein stehen
an dem blauen Himmelszelt?
Weißt du, wie viel Wolken gehen
weithin über alle Welt?
Gott der Herr hat sie gezählet,
dass ihm auch nicht eines fehlet
an der ganzen großen Zahl.

Weißt du, wie viel Mücklein spielen
in der heißen Sonnenglut,
wie viel Fischlein auch sich kühlen
in der hellen Wasserflut?
Gott der Herr rief sie mit Namen,
dass sie all ins Leben kamen,
dass sie nun so fröhlich sind.

Weißt du, wie viel Kinder frühe
stehn aus ihrem Bettlein auf,
dass sie ohne Sorg und Mühe
fröhlich sind im Tageslauf?
Gott im Himmel hat an allen
seine Lust, sein Wohlgefallen;
kennt auch dich und hat dich lieb,
kennt auch dich und hat dich lieb.

Text: Wilhelm Hey (1837)
Melodie: Volkslied (um 1818)

So nimm denn meine Hände

1862 übergibt Julie Hausmann (1826–1901) dem Berliner Pfarrer Gustav Knak die Sammlung ihrer über 100 Gedichte, die er unter dem Titel „Maiblumen, Lieder der Stillen im Lande" veröffentlicht. Allein „So nimm denn meine Hände" findet Verbreitung. Dies aber in einem erstaunlichen Ausmaß. Ende der 60er-Jahre ist das Lied im ganzen deutschsprachigen Raum bekannt und populär.

Daran hat auch die Melodie einen großen Anteil. Sie stammt von dem „schwäbischen Sängervater" Friedrich Silcher (1789–1860), dem großen Förderer des Chor- und Singewesens. Von ihm stammen u.a. auch die Melodien zu „Ich weiß nicht, was soll es bedeuten", „Der Mai ist gekommen", „In einem kühlen Grunde" und „Alle Jahre wieder".

„Haben Sie sich schon Gedanken gemacht, welche Lieder Sie im Gottesdienst singen möchten?" fragt der Pastor das junge Brautpaar im Traugespräch. Die Braut ist etwas verlegen: „Meine Oma hat gefragt, ob wir nicht ‚So nimm denn meine Hände' singen können. Das wurde auch schon bei Ihrer Trauung gesungen."

Der Pastor ist überrascht. Vorsichtig erkundigt er sich: „Kennen Sie das Lied?" Beide verneinen. Also schlägt er das Gesangbuch auf und liest vor: „*So nimm denn meine Hände und führe mich bis an mein selig Ende und ewiglich ... In dein Erbarmen hülle mein schwaches Herz ... lass ruhn zu deinen Füßen dein armes Kind ..*"

Der Bräutigam wird unruhig, die Braut ist erschüttert. „Das kann man ja zu einer Beerdigung singen!" – „Was auch geschieht", sagt der Pastor – und erzählt von der jungen Julie Hausmann. Mitte des 19. Jahrhunderts reist sie ihrem Verlobten, einem Missionar, nach Afrika nach, um dann vor seinem Grab zu stehen. Er war an einer Tropenkrankheit verstorben. Es ist vermutet worden, dass Julie Hausmann unter dem Eindruck dieses Verlustes ihr emotionales Gedicht geschrieben hat. Wenn es so war, dann handelt es von einer verlorenen und einer gefundenen Liebe.

„Wieso ‚gefundene' Liebe?", fragt die Braut. „Weil sie", antwortet der Pastor, „wohl unverheiratet blieb, aber nicht ohne Bindung. Ihre Frömmigkeit hat es ihr ermöglicht, sich als eine Art ‚Braut Christi' zu verstehen. An ihn sind auch die Worte gerichtet: ‚So nimm denn meine Hände' ..."

Nach einer Pause sagt der Bräutigam: „Im Konfirmandenunterricht haben wir gesungen: ‚Komm, Herr, segne uns, dass wir uns nicht trennen'." „Eine gute Wahl", sagt der Pastor – und denkt im Stillen: Wie gut, dass jede Zeit *ihre* Lieder hat – wobei für viele die Zeit für „So nimm denn meine Hände" noch längst nicht abgelaufen ist. Gerade bei Trauerfeiern spricht das Lied den Menschen auch heute aus der Seele.

So nimm denn meine Hände

So nimm denn meine Hände
und führe mich
bis an mein selig Ende
und ewiglich.
Ich mag allein nicht gehen,
nicht einen Schritt:
Wo du wirst gehn und stehen,
da nimm mich mit.

In dein Erbarmen hülle
mein schwaches Herz
und mach es gänzlich stille
in Freud und Schmerz.
Lass ruhn zu deinen Füßen
dein armes Kind:
Es will die Augen schließen
und glauben blind.

Wenn ich auch gleich nichts fühle
von deiner Macht,
du führst mich doch zum Ziele
auch durch die Nacht:
So nimm denn meine Hände
und führe mich
bis an mein selig Ende
und ewiglich!

Text: Julie Hausmann (1862)
Melodie: Friedrich Silcher (1842)

71

We shall overcome

Ein Lied geht um die Welt

We shall overcome – das ist ein Lied mit einer ganz besonderen Aura. Mit dem Lied schwingt eine weltweite über 100 Jahre alte Geschichte mit, die in der Bürgerrechtsbewegung in den Vereinten Staaten von Amerika ihre Wurzeln hat.

Als Pete Seeger einmal gefragt wurde, wie es entstanden ist, sagte er: „Niemand weiß genau, wer das Original schrieb. Es war einfach … schneller."

Auf jeden Fall soll es Pfarrer Charles Albert Tindley im Jahr 1903 gesungen haben – als Gospelsong. Dann tauchte es immer wieder bei Protestbewegungen auf.

Die bekannteste Fassung stammt von Joan Baez, die *We shall overcome* 1963 vor 300 000 Zuhörenden beim „Marsch auf Washington für Arbeit und Freiheit" sang.

Und Martin Luther King baute um das Lied herum die Rede, die er vier Tage vor seinem Tod hielt: „Deep in my heart, I do believe, we shall overcome! No lie can live forever. We shall overcome because the Bible is right: 'You shall reap what you sow' – And so as I leave you this evening I say: Walk together children! Don't you get weary!"

„Ganz tief in meinem Herzen glaube ich: We shall overcome – wir werden es überwinden. Keine Lüge kann ewig leben. Was die Bibel sagt, ist richtig: Ihr werdet ernten, was ihr sät. Und wenn ich euch an diesem Abend verlasse, sage ich Euch: Haltet zusammen! Geht zusammen! Werdet nicht müde! Lasst nicht nach!"

Das Lied ging um die Welt, gelangte nach Südafrika, wo es in der Anti-Apartheids-Bewegung gesungen wurde, zu den Protestbewegungen in Indien, nach Prag – und auch nach Deutschland: Für die Friedensbewegung der 80er Jahre wurde es wie an vielen Orten dieser Welt zum „Symbol-Song".

We shall overcome ist ein Lied, das uns die weltweite Verbundenheit vor Augen führt. Es steht dafür, dass wir (Evangelischen) auch immer Protestanten sind, die für Recht, Frieden, für das Leben aufstehen.

We shall overcome

We shall overcome, we shall overcome,
we shall overcome some day.
Oh, deep in my heart I do believe,
we shall overcome some day.

Th' Lord will see us through,
th' Lord will see us through,
th' Lord will see us through some day.
Oh, deep in my heart I do believe,
we shall overcome some day.

We are not afraid, we are not afraid,
we are not afraid today.
Oh, deep in my heart I do believe,
we shall overcome some day.

Truth will make us free,
truth will make us free,
truth will make us free some day.
Oh, deep in my heart I do believe,
we shall overcome some day.

Black and white together,
black and white together,
black and white together some day.
Oh, deep in my heart I do believe,
we shall overcome some day.

We'll walk hand in hand,
we'll walk hand in hand,
we'll walk hand in hand some day.
Oh, deep in my heart I do believe,
we shall overcome some day.

We shall live in peace,
we shall live in peace,
we shall live in peace some day.
Oh, deep in my heart I do believe,
we shall overcome some day.

Es gibt noch weitere Strophen, u.a.
„We shall all be free… some day".

Nicht singbare Übersetzung:
1. Wir werden (es) überwinden – eines Tages.
   O, tief in meinem Herzen glaube ich, wir werden
   (es) überwinden eines Tages.
2. Der Herr wird uns hindurchhelfen – eines Tages.
3. Wir haben keine Angst – heute.
4. Wahrheit wird uns freimachen – eines Tages.
5. Schwarz und weiß zusammen – eines Tages.
6. Wir werden Hand in Hand gehen – eines Tages.
7. Wir werden in Frieden leben – eines Tages.

[Wir werden frei sein – eines Tages.]

Text: Zilphia Horton, Frank Hamilton, Guy
Carawan und Pete Seeger nach dem Spiritual
„I'll overcome" von C. A. Tindley, 1901
Melodie: Zilphia Horton, Frank Hamilton, Guy
Carawan und Pete Seeger nach dem Spiritual
„I'll overcome" von C. A. Tindley, 1901

Morning has broken /

Morgenlicht leuchtet

(EG 455)

1931, Südengland. Zu einem gälischen Volkslied macht die Kinderbuchautorin und Lyrikerin Eleanor Farjeon einen neuen Text. Es ist ein Auftragswerk. Denn diese neue Kombination der alten Volksliedmelodie mit dem Text des Morgenlobs soll in das Liederbuch „Songs of Praise" aufgenommen werden.

Die gälische Melodie hieß ursprünglich „Bunessan". Das ist der Name eines kleinen Ortes auf der Insel Mull an der Westküste Schottlands. Es war einmal ein Weihnachtslied, das das Kind in der Krippe als den Retter der Welt beschreibt.

Vierzig Jahre später macht Cat Stevens „Morning has broken" dann zum Welthit. Allein in Deutschland ist das Lied 14 Wochen in den Charts.

Normalerweise schreibt er seine Lieder selbst. Die Veröffentlichung ist eine Verbeugung vor dem alten Volkslied. Es soll sein bekanntester Song werden – und zählt zu den weltweit bekanntesten Liedern.

Das Danklied für einen wunderschönen Morgen wird in Deutschland an Lagerfeuern gesungen, aber auch in der Kirche – im Jugendgottesdienst. Nicht selten auf englisch.

Jürgen Henkys schafft 1987 eine recht „blumige" deutsche Version des Liedtextes: Da fallen Tropfen, sonnendurchleuchtet, es erklingt das Frühlied der Amsel. Grünende Frische und vollkommnes Blau stehen für die Spuren Gottes im Garten.

Die Übersetzung orientiert sich ganz nah am englischen Text. Die Autorin wie der Übersetzer empfinden „Dank – überschwänglich", für Gottes Schöpfung, für den wunderbaren neuen Tag, den Gott schenkt.

Cat Stevens, geboren am 21. Juli 1948, ist ein britisch-zypriotischer Sänger und Songwriter. Seit seinem Übertritt zum Islam Ende 1977 heißt er Yusuf Islam, als Künstler nennt er sich Yusuf.

Übrigens hat das Lied nicht nur Jürgen Henkys zu seiner Text-Übertragung ins Deutsche angeregt. Es sind immer wieder Liedtexte zu der Melodie entstanden, z.B. zur Taufe und zur Trauung.

Morning has broken /
Morgenlicht leuchtet

Morning has broken like the first morning.
Blackbird has spoken like the first bird.
Praise for the singing, praise for the morning,
praise for them springing fresh from the world.

Sweet the rains new fall, sunlit from heaven,
like the first dewfall on the first grass.
Praise for the sweetness of the wet garden,
sprung in completeness where his feet pass.

Mine is the sunlight, mine is the morning,
born of the one light, Eden saw play.
Praise with elation, praise ev'ry morning –
God's recreation of the new day.

Deutscher Text:

Morgenlicht leuchtet, rein wie am Anfang.
Frühlied der Amsel, Schöpferlob klingt.
Dank für die Lieder, Dank für den Morgen,
Dank für das Wort, dem beides entspringt.

Sanft fallen Tropfen, sonnendurchleuchtet.
So lag auf erstem Gras erster Tau.
Dank für die Spuren Gottes im Garten,
grünende Frische, vollkommnes Blau.

Mein ist die Sonne, mein ist der Morgen,
Glanz, der zu mir aus Eden aufbricht!
Dank überschwänglich, Dank Gott am Morgen!
Wieder erschaffen grüßt uns sein Licht.

Text: Jürgen Henkys (1987) 1990
nach dem englischen „Morning has broken"
von Eleanor Farjeon vor 1933
Melodie: gälisches Volkslied vor 1900

Ein Tauflied und ein Lied zur Trauung

Wasser des Lebens – Tauflied

Wasser des Lebens, Worte des Himmels,
die sich verbinden, mächtig sie sind,
denn Gottes Segen fließt überströmend:
Du wirst getauft, du bist Gottes Kind.

Klar wie das Wasser, rein wie der Segen
tut sich der Himmel über dir auf.
Du bist gehalten in Gottes Nähe,
nichts trennt dich wieder vom Lebens-
hauch.

Dank sei dir, Gott, für bergende Nähe,
Dank sei für Schutz und für dein Geleit.
Du bist der Anfang, füllst alles Leben,
zeigst einen Weg, gehst mit durch die Zeit.

Schick deine Engel, Hüter des Lebens,
sende uns deine Kraft, deinen Geist,
damit durch Wasser und deine Worte
du alles neu machst, segnest und heilst.

Karl Ludwig Schmidt (2010)

Segne die Liebe – zur Trauung

Segne die Liebe. Segne das Leben.
Gib deinen Segen in unser Ja.
Sei unsre Obhut. Sei unsre Stütze.
Herr, sei uns Richtung, sei uns ganz nah.

Dankbarkeit leuchtet in unsre Herzen.
Dankbarkeit schenkt uns Hoffnung und Zeit.
Schenke uns Glauben. Schenke uns Frieden.
Herr, sei uns gnädig. Sei uns Geleit.

Segne die Menschen, die wir so lieben.
Segne die Erde. Sei unser Grund.
Hilf uns im Alltag. Zeig uns die Wege.
Herr sei uns Rückhalt für unsern Bund.

Worte verhallen. Klänge verklingen.
Tränen versiegen. Liebe hält stand.
Lass uns erkennen, dass wir nur leben,
weil deine Gnade uns tief verband.

Nach der Melodie: „Morning has broken"
(bisher keine Quellenangabe gefunden)

Abend ward, bald kommt die Nacht

(EG 487)

Eine Vorform des Abendliedes von Schröder:

Eine Vorform des Abendliedes von Schröder:

Abendstern, der Tag verblasst,
tritt hervor ins blau,
dass ich über meiner Last
die Verheißung schau.

Bote, brüderlich gesandt,
Sternes Ingesind,
der den Drein aus Morgenland
Krippe wies und Kind.

Über meinem armen Zelt
halt ein Weilchen Rast,
sei der immer dunklern Welt
immer lichtrer Gast.

Wächter, walte deiner Pflicht,
es ist Schlafenszeit;
sammle vor dein Angesicht,
was der Tag entzweit.

Den, der jetzt noch wandern müsst,
mach des Wegs gewiss,
wenn sein Aug das deine grüßt
durch die Finsternis.

Am Lagerfeuer haben wir es gesungen mit den Pfadfindern. Bevor es in die Zelte ging zum Schlafen: „Schlafen geht die Welt" – wir auch – und sind behütet. Und dann kommt auf eine gute Nacht ein guter Morgen.

Viel mehr haben wir damals als 12jährige nicht verstanden. Aber wir nahmen die tröstliche Ausstrahlung des Gute-Nacht-Liedes mit. Und es war klar: Es kann nichts passieren.

Keine Ahnung hatten wir davon, dass das Lied mitten im Krieg entstanden war. 1942, als die Stalingrad-Offensive begann und der Krieg immer „totaler" wurde. Von einem 64 Jahre alten Mann geschrieben, der Innenarchitekt, Maler, Lyriker, Übersetzer – und während des Krieges Lektor in der Kirche war: Rudolf Alexander Schröder, Sohn einer Kaufmannsfamilie in Bremen. Ihm wurden im Laufe seines Lebens der Glauben – und auch die Glaubenslieder – immer wichtiger.

Sein bekanntestes Gesangbuchlied ist das Bekenntnislied „Wir glauben Gott in höchstem Thron".

Von Bundespräsident Theodor Heuß wurde Schröder gebeten, den Text für eine Nationalhymne der Bundesrepublik Deutschland zu schreiben. Glaube, Hoffnung, Liebe waren seine Leitworte: Land des Glaubens, deutsches Land – Land der Hoffnung, Heimatland – Land der Liebe, Vaterland. Aber das Lied konnte sich gegen die von Bundeskanzler Konrad Adenauer bevorzugte dritte Strophe des Deutschlandliedes nicht durchsetzen.

Die „behütende" Ausstrahlung des zum Volkslied gewordenen „Abend ward, bald kommt die Nacht" aber ist geblieben.
Bis heute.

Abend ward, bald kommt die Nacht

Abend ward, bald kommt die Nacht,
schlafen geht die Welt;
denn sie weiß, es ist die Wacht
über ihr bestellt.

Einer wacht und trägt allein
ihre Müh und Plag,
der lässt keinen einsam sein,
weder Nacht noch Tag.

Jesu Christ, mein Hort und Halt,
dein gedenk ich nun,
tu mit Bitten dir Gewalt:
Bleib bei meinem Ruhn.

Wenn dein Aug ob meinem wacht,
wenn dein Trost mir frommt,
weiß ich, dass auf gute Nacht
guter Morgen kommt.

Text: Rudolf Alexander Schröder (1942)
Melodie: Samuel Rothenberg (1948)

Freunde, dass der Mandelzweig

(EG 620/Anhang)

Wenn er aus dem Fenster seiner Wohnung guckte, sah Schalom Ben Chorin einen Mandelbaum. Er sah ihn im Frühjahr Blüten treiben – immer wieder. Aber gerade in den Kriegstagen – im 2. Weltkrieg – wurde dieser Mandelbaum dann ein Zeichen besonderer Hoffnung.

Dieses „Zeichen" hat eine Wurzel in der Bibel, in der Berufungsgeschichte Jeremias (Jeremia 1,4 ff):

Und es geschah des HERRN Wort zu mir:
„Jeremia, was siehst du?"
Ich sprach:
„Ich sehe einen erwachenden Zweig."
Und Gott sprach zu mir:
„Du hast recht gesehen;
denn ich will wachen über meinem Wort,
dass ich's tue."

Schalom Ben Chorin brachte das Mandelbaum-Erlebnis zusammen mit dieser biblischen Verheißung.

Er erzählte dann noch: Der Baum wurde Jahre später umgehauen, fiel einem Bürgersteig zum Opfer. Aber irgendwann lugten dann doch wieder die Wurzeln des Baumes aus dem Asphalt. Sein Kommentar dazu: „Die Hoffnung ist nicht totzukriegen".

Schalom Ben Chorin starb 1999. Die Trauergemeinde sang an seinem Sarg zum Abschied *„Freunde, dass der Mandelzweig wieder blüht und treibt, ist das nicht ein Fingerzeig, dass die Liebe bleibt?"*

Übrigens war er ganz stolz, sagte im Gespräch zu seiner Frau: „Ich bin wohl der erste jüdische Autor, der in ein evangelisches Kirchengesangbuch aufgenommen wurde."

Darauf meinte sie ganz trocken: „Der zweite, denn König David war schon vor dir".

12

Freunde, dass der Mandelzweig

Freunde, dass der Mandelzweig
wieder blüht und treibt,
ist das nicht ein Fingerzeig,
dass die Liebe bleibt.

Dass das Leben nicht verging,
soviel Blut auch schreit,
achtet dieses nicht gering
in der trübsten Zeit.

Tausende zerstampft der Krieg,
eine Welt vergeht.
Doch des Lebens Blütensieg
leicht im Winde weht.

Freunde, dass der Mandelzweig
sich in Blüten wiegt,
bleibe uns ein Fingerzeig,
wie das Leben siegt.

Text: Schalom Ben-Chorin (1943)
Melodie: Fritz Baltruweit (1980)

Von guten Mächten wunderbar geborgen

(EG 65/GL 430/822)

Um ihn herum: die kahlen Wände der Zelle. Für ihn ist es seit über eineinhalb Jahren das Zuhause. Gestapo-Haft. Wie gern wär er im Kreise seiner Liebsten, bei seiner Verlobten, seinen Eltern und Geschwistern. Dort, wo warm und still die Kerzen flammen. Für sie, aber auch für sich selbst schreibt er das Gedicht. Das letzte, was von ihm schriftlich erhalten ist. Gut drei Monate später wird er hingerichtet – am 3. April 1945: Dietrich Bonhoeffer.

Anfang der siebziger Jahre (des letzten Jahrhunderts) beschäftigt sich der Komponist und Sänger Siegfried Fietz mit dem Gedicht:

„Ich habe mich wochenlang mit diesem Text herumgeschlagen, manch schlaflose Nacht verbracht, weil mir Schreckensbilder vor Augen schwebten, bis ich mich schließlich durchringen konnte, eine Melodie zu schaffen, die von vielen gemeinsam gesungen werden kann. Denn wenn Dietrich Bonhoeffer etwas erreichen wollte, dann sicherlich das Bewusstsein zu wecken, dass wir auch in äußersten Notsituationen nicht von Gottes Liebe getrennt sind. … Und mein großer Wunsch ist es, dass wir uns in diese Geborgenheit mit hineinnehmen lassen.“

Es ist die bekannteste Melodie zu dem Bonhoeffer-Gedicht geworden.

Besonders in Notsituationen, aber nicht nur da, sondern in jeder Situation sagt uns das Lied zu: Gott geht mit uns. Auf dem Weg durch den Tag. Auf dem Weg durch das Jahr. Auf dem Weg in Gottes Welt, die er für uns bereitet hat, wenn es mit uns zu Ende geht – eine Welt, die uns schon heute umfängt. Jeden Tag.

13

Von guten Mächten wunderbar geborgen

Von guten Mächten treu und still umgeben,
behütet und getröstet wunderbar,
so will ich diese Tage mit euch leben
und mit euch gehen in ein neues Jahr.

Von guten Mächten wunderbar geborgen,
erwarten wir getrost, was kommen mag.
Gott ist bei uns am Abend und am Morgen
und ganz gewiss an jedem neuen Tag.

Noch will das alte unsre Herzen quälen,
noch drückt uns böser Tage schwere Last.
Ach Herr, gib unsern aufgeschreckten Seelen
das Heil, für das du uns geschaffen hast.

Von guten Mächten wunderbar geborgen…

Und reichst du uns den schweren Kelch, den bittern
des Leids, gefüllt bis an den höchsten Rand,
so nehmen wir ihn dankbar ohne Zittern
aus deiner guten und geliebten Hand.

Von guten Mächten wunderbar geborgen…

Doch willst du uns noch einmal Freude schenken
an dieser Welt und ihrer Sonne Glanz,
dann wolln wir des Vergangenen gedenken,
und dann gehört dir unser Leben ganz.

Von guten Mächten wunderbar geborgen…

Lass warm und hell die Kerzen heute flammen,
die du in unsre Dunkelheit gebracht,
führ, wenn es sein kann, wieder uns zusammen.
Wir wissen es, dein Licht scheint in der Nacht.

Von guten Mächten wunderbar geborgen…

Wenn sich die Stille nun tief um uns breitet,
so lass uns hören jenen vollen Klang
der Welt, die unsichtbar sich um uns weitet,
all deiner Kinder hohen Lobgesang.

Von guten Mächten wunderbar geborgen,
erwarten wir getrost, was kommen mag.
Gott ist bei uns am Abend und am Morgen
und ganz gewiss an jedem neuen Tag.

Text: Dietrich Bonhoeffer (1944)
Melodie: Siegfried Fietz (1970)

Danke

(EG 334)

Viele hatten sie in den sechziger Jahren (des letzten Jahrhunderts) auf dem Schreibtisch oder auf der Kommode stehen: die kleine Klappkarte mit dem Text des „Danke"-Liedes.

Ein Motiv steht im Mittelpunkt: Danke, Gott, für das, was du mir schenkst. Jeden Tag neu.

Martin Gotthard Schneider hatte den Text und die Musik für einen Wettbewerb geschrieben. Er war Pastor und Kirchenmusiker in Freiburg. Das Lied bekam den ersten Preis.

Trotzdem – oder vielleicht gerade deshalb – war es in den ersten Jahren ziemlich umstritten. Ein Lied, das „traurige Berühmtheit und Beliebtheit" erlangte – so ein Zeitungskritiker. Aber das tat dem Erfolg keinen Abbruch. „Danke" kam als „Schlager" in die Hitparaden. Die Single wurde innerhalb von zwei Jahren 150 000 mal verkauft. Für ein geistliches Lied ist das eine Sensation. So wurde es eines der bekanntesten Kirchenlieder in Deutschland.

Die Veröffentlichung des Liedes war der Startschuss für unendlich viele neue Lieder in der Kirche. Sie prägen seitdem – zusammen mit den alten Liedern – unsere Gottesdienste. Und viele stehen inzwischen auch im Evangelischen Gesangbuch. Das Lied „Danke" zeigt, warum immer wieder neue Lieder entstehen. Im Grunde ist es das gleiche wie bei Martin Luther oder Paul Gerhardt: Wir wollen auch heute das, was wir von Gott verstanden haben, in Text und Musik für unser Leben und in unserem Lebensgefühl ausdrücken.

Lebendiger Glaube schafft sich immer wieder neue Lieder. Das war schon immer so – und so wird es bleiben.

Danke

Danke für diesen guten Morgen,
danke für jeden neuen Tag.
Danke, dass ich all meine Sorgen
auf dich werfen mag.

Danke für alle guten Freunde,
danke, o Herr, für jedermann.
Danke, wenn auch dem größten Feinde
ich verzeihen kann.

Danke für meine Arbeitsstelle,
danke für jedes kleine Glück.
Danke für alles Frohe, Helle
und für die Musik.

Danke für manche Traurigkeiten,
danke für jedes gute Wort.
Danke, dass deine Hand mich leiten
will an jedem Ort.

Danke, dass ich dein Wort verstehe,
danke, dass deinen Geist du gibst.
Danke, dass in der Fern und Nähe
du die Menschen liebst.

Danke, dein Heil kennt keine Schranken,
danke, ich halt mich fest daran.
Danke, ach Herr, ich will dir danken,
dass ich danken kann.

Text und Melodie: Martin Gotthard Schneider (1961)

Gott gab uns Atem

(EG 432/468)

Ein Rundfunkgottesdienst auf der Insel Spiekeroog 1982 ist der Anlass für das Lied mit dem Motiv der Weite, wie sie am Meer so besonders gut erlebt und erfahren werden kann. Der weite Horizont: eine wesentliche Dimension Gottes. „Ein Weit-Blick, der ahnt: Ich gehöre in einen großen Zusammenhang. So kommt es zu einem Lebenstraum, der nicht nur mich zur Mitte hat." – so Fritz Baltruweit, der diese Atmosphäre des weiten Horizontes in das Lied hineinkomponiert hat.

Später wird es für den Stammteil des Evangelischen Gesangbuches ausgewählt. Aber umstritten war in dem Auswahlgremium die Textzeile: „Gott will mit uns die Erde verwandeln". So könne man das doch nun wirklich nicht formulieren. Aber Eckart Bücken, der Text-Autor, ist hart geblieben. Und das Lied wird genommen wie es ist.

Wie gut, dass diese Zeile dem Lied erhalten blieb. Denn: Wie wir auf Gottes Schöpfung reagieren, ist eine ganz zentrale Frage des Liedes: Sehen wir, was Gott täglich für uns „schafft", wieviel Zeit und Zärtlichkeit er in uns investiert hat und immer wieder investiert – jeden Tag neu?

Wenn ich dankbar dafür bin, heißt das doch, mit Gottes Schöpfung entsprechend umzugehn.

Wie schön und verheißungsvoll ist es, dass Gott uns ein Zusammenwirken mit sich zutraut, eine „Syn-Ergie" – eine gemeinsame Energie, die von Gott her kommt, die uns beseelt, erfüllt, antreibt, so dass es wirklich gelingen kann, gemeinsam diese Erde zu verwandeln. ...und neu ins Leben zu gehen.

Das Lied eignet sich „quer durch das Jahr" als Eingangslied zur Einführung der Themen Schöpfung, Atem, Leben – aber auch als Zusammenfassung gegen Ende des Gottesdienstes, besonders natürlich zu Anlässen wie der ökumenischen Schöpfungszeit im Jahr.

Der Schöpfungstag soll an jedem ersten Freitag im September „bedacht" werden (so Beschluss der Arbeitsgemeinschaft Christlicher Kirchen in Deutschland). Der Impuls dazu ging von der Europäischen Ökumenischen Versammlung im September 2007 in Hermannstadt/Sibiu aus. Siehe dazu www.schoepfungszeit.de.

14

Gott gab uns Atem

Gott gab uns Atem, damit wir leben.
Er gab uns Augen, dass wir uns sehn.
Gott hat uns diese Erde gegeben,
dass wir auf ihr die Zeit bestehn.

Gott gab uns Ohren, damit wir hören.
Er gab uns Worte, dass wir verstehn.
Gott will nicht diese Erde zerstören.
Er schuf sie gut, er schuf sie schön.

Gott gab uns Hände, damit wir handeln.
Er gab uns Füße, dass wir fest stehn.
Gott will mit uns die Erde verwandeln.
Wir können neu ins Leben gehn.

Text: Eckart Bücken (1982)
Musik: Fritz Baltruweit (1982)

Bewahre uns, Gott

(EG 171/GL 453)

„Der Friede unseres Gottes,
der Friede des Auferstandenen
sei mit dir und mir, sei mit allen.
Der Friede unseres Gottes,
der Friede des Auferstandenen
ist gegenwärtig, ist lebendig hier unter uns.
Sei bereit, ihn zu empfangen.
Der Friede unseres Gottes,
der Friede des Auferstandenen
kann nicht durch sich selbst leben.
Sei bereit, ihn weiterzugeben und mit anderen zu teilen."

Andreas Ruuth, schwedischer Pfarrer, hat den Text und die Melodie dieses Liedes gemacht. In den fünfziger Jahren (des letzten Jahrhunderts) arbeitet er in Argentinien als Gemeindepastor, später an der lutherischen Fakultät Isedet in Buenos Aires. 1968 entsteht das Lied. Es verbreitet sich in Argentinien, wird in verschiedene Sprachen übersetzt, geht um die Welt. Und kommt auch in Deutschland an.

Eugen Eckert, Studentenpfarrer in Frankfurt, überträgt das Lied ins Deutsche. Er rückt das Segensmotiv in den Mittelpunkt. Der zentrale Gedanke des Friedens bekommt seinen Ort in der dritten Strophe. Der Heilige Geist, ohne den sich weder Friede noch Segen verbreiten kann, bildet das „Achtergewicht" des Liedes.

Immer wieder ist darüber diskutiert worden: Wie frei dürfen Lieder übersetzt – oder besser: übertragen – werden? Die Antwort kann nicht „gesetzlich" klar gegeben werden. Denn jeder Text hat seine eigenen Gesetze und muss seinen „Spirit" in einer anderen Sprache wieder völlig neu entwickeln.

Wie schön ist es, wenn Lieder verschiedene Kulturen, Länder und Kontinente miteinander verbinden. Und dann noch – wie in diesem Lied – den Frieden und den Segen, von Gott gegeben, damit wir ihn empfangen, weitergeben und miteinander teilen.

Bewahre uns, Gott

Bewahre uns, Gott, behüte uns, Gott,
sei mit uns auf unsern Wegen.
Sei Quelle und Brot in Wüstennot,
sei um uns mit deinem Segen.

Bewahre uns, Gott, behüte uns, Gott,
sei mit uns in allem Leiden.
Voll Wärme und Licht im Angesicht,
sei nahe in schweren Zeiten.

Bewahre uns, Gott, behüte uns, Gott,
sei mit uns vor allem Bösen.
Sei Hilfe, sei Kraft, die Frieden schafft,
sei in uns, uns zu erlösen.

Bewahre uns, Gott, behüte uns, Gott,
sei mit uns durch deinen Segen.
Dein Heiliger Geist, der Leben verheißt,
sei um uns auf unsern Wegen.

Text: Eugen Eckert (1985)
Melodie: Anders Ruuth (um 1968)

Vertraut den neuen Wegen

(EG 395)

Mitten im Sommer 1989 in Eisenach traut sich ein junges Brautpaar auf den Weg in die gemeinsame Zukunft. Was wird sie bringen? – Ein biblischer Text prägt den Gottesdienst, der ursprünglich einmal Sarah und Abraham zugesagt worden war: *„Geh in ein Land, das ich dir zeigen will. Und ich will dich segnen, und du sollst ein Segen sein."* (1. Mose 12)

Der Patenonkel der Braut, Klaus Peter Hertzsch, Studentenpfarrer, später Professor für Praktische Theologie, hat ein Lied für die Trauung geschrieben: *„Vertraut den neuen Wegen, auf die der Herr uns weist...".*

Das Liedblatt wird von vielen der Hochzeitsgesellschaft in die eigenen Gemeinden mitgenommen, dort weiter gesungen – im Herbst der Wende. Im November tut sich ein neuer Horizont auf: Die Mauer fällt, die Grenzen sind offen.

„Vertraut den neuen Wegen, auf die uns Gott gesandt.
Er selbst kommt uns entgegen. Die Zukunft ist sein Land.
Wer aufbricht, der kann hoffen in Zeit und Ewigkeit.
Die Tore stehen offen. Das Land ist hell und weit."

Der Liedtext klingt wie ein theologischer Kommentar zur Wendezeit. Ein Lied, das für einen ganz persönlichen Rahmen geschrieben wurde, aber die Stimmung eines ganzen Volkes aufnimmt. – Übrigens nicht nur 1989. Es gehört heute zu den meist gesungenen Gesangbuchliedern.

Die Liederliste für das Evangelische Gesangbuch war längst geschlossen, als die Gesangbuch-Kommission von dem Lied erfuhr. Es ist das letzte Lied, das in das Evangelische Gesangbuch aufgenommen wurde, das 1992 erschien. Ein Vorschlag war, das Lied auf die Melodie von „Befiehl du deine Wege" zu singen. Dieser Vorschlag wurde aber vom Autor ausdrücklich abgelehnt. Ihm war eine Zuversicht verbreitende schwungvolle Melodie wichtig.

Bei der Hochzeit wurde das Lied auf die sich so schön aufschwingende Melodie von „Du meine Seele singe" gesungen. Später setzt sich dann die Melodie durch, die wir alle mit dem Lied verbinden. Sie ist eine Volksliedmelodie vom Anfang des 16. Jahrhunderts und stammt ursprünglich von einem traurigen Liebeslied:

„Entlaubet ist der Walde gen diesem Winter kalt,
beraubet werd ich balde meins Liebs, das macht mich alt.
Dass ich die Schön muss meiden, die mir gefallen tut,
bringt mir manchfaltig leiden, macht mich fast schweren Mut."

15

Nun steht diese Melodie für so schwungvolle Lieder wie „Lob Gott getrost mit Singen" und „O komm, du Geist der Wahrheit." Und seit 1989 am meisten für das Lied, das einen großen weiten Horizont aufmacht: Gottes Zukunft. Und für die Verheißung, dass sie mit uns geht.

Vertraut den neuen Wegen

Vertraut den neuen Wegen,
auf die der Herr uns weist,
weil Leben heißt: sich regen,
weil Leben wandern heißt.
Seit leuchtend Gottes Bogen
am hohen Himmel stand,
sind Menschen ausgezogen
in das gelobte Land.

Vertraut den neuen Wegen
und wandert in die Zeit!
Gott will, dass ihr ein Segen
für seine Erde seid.
Der uns in frühen Zeiten
das Leben eingehaucht,
der wird uns dahin leiten,
wo er uns will und braucht.

Vertraut den neuen Wegen,
auf die uns Gott gesandt!
Er selbst kommt uns entgegen.
Die Zukunft ist sein Land.

Wer aufbricht, der kann hoffen
in Zeit und Ewigkeit.
Die Tore stehen offen.
Das Land ist hell und weit.

Text: Klaus Peter Hertzsch (1989)
Melodie: „Entlaubet ist der Walde"
(16. Jahrhundert)

Nachklang

Evangelische Volkslieder haben kein Verfallsdatum

Von der Entstehung des frühen evangelischen Liedes bis zum neuen evangelischen Lied der Gegenwart – über einen Zeitraum von fast 500 Jahren reicht der Bogen, den dieses Buch schlägt. Die Auswahl der Lieder ist bei aller angestrebten Repräsentativität letztlich natürlich subjektiv. Mancher Leser und Hörer, manche Leserin und Hörerin wird *ihr* Lied vermissen. Daher soll an dieser Stelle auch dazu eingeladen werden, sich selbst auf Spurensuche zu begeben.

Wer es tut, wird die Erfahrung machen: Kein Lied ist zu alt, als dass es nicht auch in unsere Zeit hineinsprechen könnte. Natürlich stellt die altertümliche, mitunter sperrig anmutende Sprache eines Martin Luther oder die sich an der kindlichen Frömmigkeit ausrichtende Sprache eines Wilhelm Hey auch eine Herausforderung dar. Weil sie und andere aber menschliche Grunderfahrungen zur Sprache bringen, sind ihre Texte immer noch „ansprechend". Im Kern geht es immer um die Frage: Was ist der Ursprung, die Richtung und das Ziel meines Lebens? Eine *Lebensfrage*, die, weil Menschen sie seit jeher stellen, kein Verfallsdatum trägt.

Die Antwort, die die evangelischen Lieder darauf geben, ist damals wie heute dieselbe: Gott setzt sich zum Menschen ins Verhältnis. Die Lieder sagen es einfacher und daher volksnäher, etwa wie Martin Lu-

ther: „*Denn ich bin dein und du bist mein und wo ich bleib, da sollst du sein*" oder Wilhelm Hey: „*…kennt auch dich und hat dich lieb*" oder Dietrich Bonhoeffer: „*Gott ist bei uns am Abend und am Morgen und ganz gewiss an jedem neuen Tag*". Wie immer es auch in der Sprache seiner Zeit Ausdruck findet, gemeint ist: Gott nimmt sich des Menschen an. Das ist die tröstende, ermutigende, Sinn stiftende und Hoffnung gebende Botschaft, die allen Liedern gemeinsam ist.

Diese Antwort hat sich auch dort durchgehalten, wo dem evangelischen Lied der kritische Zeitgeist mächtig ins Gesicht wehte. Denn natürlich konnte die Entwicklung dieses neuen, so dynamischen geistlichen Liedtyps nicht gradlinig verlaufen. Vor allem die Epoche der Aufklärung ist davon geprägt, das Kirchenlied in einem bestimmten Sinne zu profanisieren: An die Stelle des Glaubens trat die Vernunft, die Bindung an das eigene Gewissen ersetzte das Vertrauen auf Gott. In den Gesangbüchern des 18. Jahrhunderts tauchten denn auch die meisten der im 16. und 17. Jahrhundert entstandenen Lieder nicht mehr auf, und wenn, dann in zum Teil grotesken Umdichtungen.

Ein Beispiel zu Luthers Text „Erhalt uns, Herr, bei deinem Wort" findet sich in einem hessischen Gesangbuch (1872)[26]:

Erhalt uns, Herr, bei deinem Wort;
den finstern Irrthum treibe fort;
bewahr uns vor Gewissenszwang,
so preist dich unser Lobgesang!

Die Völker sein dir unterthan!
Es weiche falscher Lehre Wahn
vor deiner Wahrheit klarem Licht;
Gewalt hilft dem Gewissen nicht.

Dass sich die alten Texte dennoch gehalten haben und im Laufe des 19. Jahrhunderts wieder Eingang in die Gesangbücher fanden (zunächst über Anhänge, wie z.B. bei den Luther-Chorälen), hängt denn auch ursächlich damit zusammen, dass das Volk sie mittlerweile zu *seinen* Liedern gemacht hatte. Sie waren viel zu sehr Allgemeingut geworden, als dass sie von wenigen auf dem Altar der Vernunft geopfert werden konnten.[27] Hier hatte die einfache Botschaft des Glaubens über die „vernünftige" Poesie der protestantischen Aufklärer gesiegt – jedenfalls auf dem Feld des Kirchenliedes.

Wenn es daher einen roten Faden gibt, der im evangelischen Lied von seinen Anfängen bis in die Gegenwart aufzufinden ist, dann ist es die einfache evangelische Botschaft von dem liebenden Schöpfer- und Vatergott, bei dem Anfang und Ende liegen und der sich in Jesus Christus dem Menschen in Liebe zuwendet.

Auch wirkungsgeschichtlich lässt sich ein roter Faden aufzeigen. Es ist mehr als verblüffend, welche gesellschaftsverändernde Kraft im evangelischen Lied lag und immer noch liegt. Zwei markante Beispiele stellen hierzu das erste und das letzte Lied dieser Liedersammlung dar: „Nun freut euch, lieben Christen g'mein"

und „Vertraut den neuen Wegen". Auch wenn historisch zwischen dem Flugblatt in der Sturm- und Drang-Zeit der Reformation und dem Liedblatt am Vorabend der Wende in der früheren DDR annähernd 500 Jahre liegen, wirkungsgeschichtlich trennt den Bänkelsänger auf dem Markt in Augsburg 1524 vom Gottesdienst in der Leipziger Nikolaikirche im September/Oktober 1989 nur ein Wimpernschlag.

Bei aller Kontinuität hinsichtlich Botschaft und Wirkung lässt sich aber auch eine gravierende Veränderung im Selbstverständnis des evangelischen Liedes aufzeigen: In seiner neuen, d.h. gegenwärtigen Gestalt hat es aufgehört, „evangelisch" in einem *konfessionalistischen* Sinne zu sein. War es in der Frühzeit der Reformation durchaus eine Notwendigkeit, sich über das gemeinsame Singen eigener Lieder nach innen zu versichern und nach außen abzugrenzen, so hat in der Gegenwart dieses exklusive Liedverständnis kaum noch Bedeutung. Im Gegenteil! Die große Bedeutung des neuen Kirchenliedes liegt nun darin, dass es im gemeinsamen Gesang aller Christinnen und Christen auf harmonische Weise jene Ökumene herzustellen vermag, die eine natürliche Konsequenz des Glaubens an den einen Gott ist.

Es ist schon so: Wer nicht nur seine eigene Stimme hört, sondern auch die Stimmen der anderen wahrnimmt und sich auf sie einlässt, wird erkennen, dass stimmliche Vielfalt Voraussetzung von Harmonie ist. Das ökumenisch ausgerichtete geistliche Lied kann so zum Schlüssel für ein besseres Verständnis der Christinnen und Christen untereinander werden.[28]

Anmerkungen

1   Zit. n. Nikolaus Schneider: Reformation und Musik, EKD-Magazin zum Themenjahr der Lutherdekade, Nr. 4/2012, S. 1

2   Zit. n. Linda Maria Koldau: Frauen – Musik – Kultur. Ein Handbuch zum deutschen Sprachgebiet der frühen Neuzeit, Köln/Weimar/Wien 2005, S. 453

3   „Wenn ich nicht Theologus wäre, so möchte ich am liebsten Musicus sein." (zit. n. H. Huchzermeyer, Luther und die Musik, in: Luther. Zeitschrift der Luther-Gesellschaft 39 (1968), S. 14–25, S. 24

4   Zit. n. Luther Deutsch (LD) Bd. 9, Stuttgart 1960, 265f. (Martin Luthers Werke. Kritische Gesamtausgabe (WA) Band 30/2, Weimar 1888 ff., S. 696)

5   WA Bd. 6, Deutsche Bibel, S. 2

6   WA Bd. 35, S. 476

7   WA Bd. 12, S. 205–220

8   WA Bd. 19, S. 72–113; LD Bd. 6, S. 86–102

9   Predigt zur Einweihung der Torgauer Schlosskapelle (1544), in: LD Bd. 8, S. 440 (WA Bd. 49, S. 588)

10 LD Bd. 10, S. 137 (WA Briefe 3, Nr. 698)

11 „Ach, mein herzliebes Jesulein"; „Schaut hin, dort liegt im finstern Stall"; „Wir singen dir in deinem Heer"

12 Nach dem Hymnus „Veni redemptor gentium" (12. Jahrhundert)

13 Nach dem „Te Deum" (4. Jahrhundert)

14 Nach der Antiphon „Da pacem, Domine" (9. Jahrhundert)

15 WA Tischreden Bd. 4/4795

16 Vgl. „Sendbrief vom Dolmetschen" (1530), in: LD Bd. 5, S. 85 (WA Bd. 30/2, S. 637)

17 Erstmals 1773 in seiner Sammlung „Alte Volkslieder" verwendet

18 Petra Bosse-Huber am 1.1.2012 in einer Predigt in Solingen

19 Wolfgang Herbst, Ilsabe Seibt (Hg.), Liederkunde zum Evangelischen Gesangbuch, Heft 17, Göttingen 2012, S. 72

20 Martin Luther: „Darumb, wenn du eine Nachtigal hörest, so hörestu den feinesten Prediger."

21 Siehe dazu auch Johannes Block, Die beste Zeit im Jahr ist mein, in: Gerhard Hahn und Jürgen Henkys (Hg.),

Liederkunde zum Evangelischen Gesangbuch, Heft 13, Göttingen 2007, S. 93

22 Diese „Vorrede auf alle guten Gesangbücher" ist von Luther für das Buch „Lob und Preis der löblichen Kunst Musika" von Johann Walther im Jahr 1538 geschrieben.

23 Die Analyse der Strophen ist noch ausführlicher nachzulesen bei Folkert Fendler in dem Buch „Jochen Arnold, Klaus-Martin Bresgott (Hg.), Kirche klingt – 77 Lieder für das Kirchenjahr", Hannover 2012, S.130. Dort hat er diese und noch mehr Lieder zusammengetragen, die zu der Melodie gesungen werden können.

24 Vgl. Christian Bunners: Paul Gerhardt, Weg – Werk – Wirkung, Göttingen 2007, S. 28

25 Die Zitate und Beschreibung des Kennenlernens des Liedes „Pass It On" während des Studiensemesters in North Manchester/Indiana stammen aus Manfred Siebald, Gib mir den richtigen Ton – Lauter Liedergeschichten, Holzgerlingen 2006, S. 91 ff

26 Gesangbuch für das Großherzogtum Hessen (Darmstadt 1872 – zitiert nach: Hermann Kurzke: Kirchenlied und Kultur, Mainzer Hymnologische Studien Bd. 24, Tübingen 2010, S. 154)

27 Eine kritische Stimme aus dem Lager der Aufklärer, der für die Ursprünglichkeit der Liedtexte eintritt, ist nicht zufällig Johann Gottfried Herder, auf den der Begriff des „Volkslieds" zurückgeht. In seinem Vorwort zum Neu eingerichtete(n) Sachsen-Weimar-Eisenach- und Jenaische(n) Gesangbuch von 1778 stellt er fest: „Ein Wahrheits- und Herzensgesang, wie die Lieder Luthers alle waren, bleibt nie mehr derselbe, wenn ihn jede fremde Hand nach ihrem Gefallen ändert, so wenig unser Gesicht dasselbe bliebe, wenn jeder Vorübergehende darinn schneiden, rücken und ändern könnte, wie's ihm, dem Vorübergehenden, gefiele." (zit. n. Beate Agnes Schmidt: Kirchenlieder im thüringischen Raum. Zu Text und Melodie in Gesangbüchern des 16. und 17. Jahrhunderts, in: Kathrin Paasch (Hg.): Mit Lust und Liebe singen. Die Reformation und ihre Lieder, Gotha 2012, S. 20–27, S. 24)

28 Dass zehn der hier vorgestellten und besprochenen Lieder auch im aktuellen katholischen Gesangbuch („Gotteslob") zu finden sind, belegt, dass die singende Ökumene schon Wirklichkeit geworden ist.

Das Buch

Rechtehinweise

Die CD

Aufnahme:

Fritz Baltruweit	Gesang/Gitarre
Valentin Brand	Keyboard
Sebastian Brand	Bass, Gesang
Sebastian Frank	Keyboard, Percussion, Bass, Cello
Niko Kondschak	Percussion
Konstanze Kuß	Harfe/Tin-Whistle und andere Flöten, Krummhorn, Gesang
Anke Siebert	Akkordeon
Sonja Telgheder	Gesang

Neu-Einrichtung/Arrangement der Lieder: Fritz Baltruweit und Sebastian Frank
Aufnahme/Vorproduktion/Mastering: Sebastian Frank/Nightfly recording-Studio Hannover

Weiteres Arbeitsmaterial

Eine **Arbeitshilfe** dafür, wie Sie mit den Liedern und Texten einen Gottesdienst, einen Gemeindenachmittag oder einen Volksliederabend gestalten können inkl. **Notenausgabe** (mit Solo-Instrumenten-Stimme etc.) – sowie eine **Playback-CD** – erhalten Sie im Haus kirchlicher Dienste.
www.kirchliche-dienste.de/volkslieder
baltruweit@kirchliche-dienste.de